KB194699

예비 초등
수학
자신감

① 100까지의 수와 덧셈뺄셈

삼성출판사

학부모 안내서

안녕하세요, 초등 교사 유정입니다.

18년 동안 학교 현장에서 아이들을 만나고, '맘앤티처'라는 또다른 이름으로 수많은
부모님들과 소통하며 어린이 교육에 대해 이야기해 왔습니다.

특히 초등 수학에서 가장 기본이 되는 '수와 연산' 영역의 중요성을 늘 강조해 왔지요.
수학 학습의 기초는 수를 이해하고 정확히 다루는 데서 시작합니다.
많은 아이들이 처음 수학을 배울 때 숫자를 읽고, 쓰고, 덧셈과 뺄셈을 반복하여 연습합니다.
그러나 단순한 연습만으로는 현재 초등학교 수학 교육과정에 적응하기 어려울 수 있습니다.
개정 교육과정에서는 개념의 이해를 통한 수학적 사고력을 강조하기 때문입니다.
<수학 자신감>과 함께 수와 연산을 깊이 있고 풍부하게 배우는 방법을 알아보세요.

⭐ 수를 다양하게 만나기

단순히 숫자 1, 2, 3을 알고 말할 수 있다고 해서 아이가 수를 제대로 아는 것은 아닙니다. 예를 들어
숫자 '3'은 사탕 3개, 3층 건물, 3번 버스 등 다양한 의미를 가집니다. <수학 자신감>은 아이들이
일상생활 속에서 접하는 다양한 수를 체계적으로 인지하도록 돕습니다. 또한 크기 비교, 다양한 수
세기 활동을 하며 자연스럽게 수 감각을 키울 수 있습니다.

⭐ 두 자릿수와 자릿수 개념 익히기

두 자릿수를 배울 때는 10개씩 묶어 자릿수 개념을 익히는 활동이 중요합니다. 이런 경험을 통해
아이는 세 자릿수, 네 자릿수 등 더 큰 수의 구조를 쉽게 이해하게 됩니다. 또한, 받아올림과
받아내림이 있는 덧셈과 뺄셈도 보다 쉽게 익힐 수 있습니다.

⭐ 수의 분해와 합성을 통한 연산 감각 기르기

9+3을 계산할 때 3을 1과 2로 분해하여 먼저 9와 1을 합쳐 10을 만들고, 나머지 2를 더하는 방법이
있습니다. 이러한 수의 분해와 합성 활동은 연산 감각을 기르는 데 매우 중요한 과정입니다.
<수학 자신감>에서는 수를 가르고 모으는 다양한 활동을 구체물 그림부터 추상적인 숫자에
이르기까지 단계별로 연습하며 덧셈과 뺄셈의 기초를 다질 수 있습니다.

수학은 특히 공부 정서가 중요한 과목입니다. 아이들이 개념을 하나씩 차근차근 익히고, 수학에 점점 자신
감을 가질 수 있도록 돕겠습니다. <수학 자신감>으로 1승, 2승 그리고 완승을 거두시기 바랍니다.

초등 교사이자 두 초등학생의 엄마 **맘앤티처 유정** 드림

어린이 알림장

 수와 연산의 기초가 튼튼하면 할 수 있는 것들!

⭐ **숫자를 바르게 쓸 수 있어요.**
수학의 첫걸음은 숫자를 바르게 쓰는 것에서 시작되어요. 숫자를 순서대로 정확하게 쓰는 습관은 더 큰 수를 배울 때 도움이 되지요.

⭐ **100까지 수를 알 수 있어요.**
1부터 100까지 수를 익히면 큰 수를 만나도 당황하지 않고 읽을 수 있어요. 덧셈과 뺄셈도 점점 쉬워지고 수학이 즐거워질 거예요.

⭐ **수를 여러 가지 방법으로 셀 수 있어요.**
장난감 블록을 10개씩 묶어 세거나 보도블록을 폴짝폴짝 뛰며 수 세기 놀이를 해 보세요. 다양한 방법으로 수를 세어 보면 수와 친해지고, 더 큰 수를 다루는 자신감을 키울 수 있어요.

⭐ **수 모으기와 가르기를 할 수 있어요.**
수를 모으고 가르는 활동은 연산의 기본이에요. 1과 2를 모아 3을 만들고, 다시 3을 1과 2로 가르는 연습을 해 보세요. 수를 분해하고 합성하는 과정은 덧셈과 뺄셈을 쉽게 이해하는 데 도움이 되어요.

⭐ **덧셈과 뺄셈을 할 수 있어요.**
덧셈과 뺄셈을 할 수 있으면 용돈을 모아 필요한 물건을 살 수 있고, 게임 점수를 계산하는 등 생활 속에서 똑똑하게 활용할 수 있어요.

<수학 자신감>은 한 단원이 1승으로 구성되어 있어요. 한 단원을 마칠 때마다 트로피 스티커를 붙이며 1승, 2승… 완승까지 가는 거예요.
<수학 자신감>과 함께 체계적이고 즐거운 수학 공부를 시작해 볼까요?

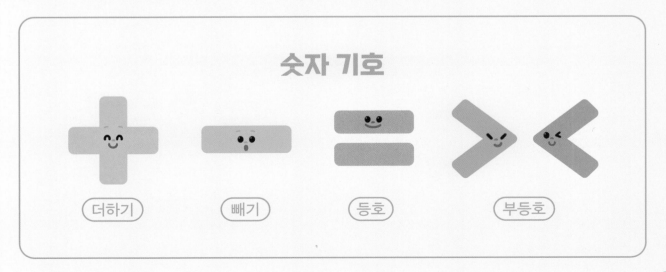

숫자 기호

더하기　　　빼기　　　등호　　　부등호

수학 자신감, 이렇게 시작하세요

0부터 100까지의 수와 기초 연산으로 구성하였습니다 . 초등학교 1학년 수학 교과서에 실린 100까지 수 세기를 하며 수 개념을 익히고, 쉬운 덧셈과 뺄셈을 차근차근 단계별로 배우며 수학에 자신감을 가질 수 있습니다.

⭐ 1~100까지 수 개념 다지기

수를 읽고 쓰는 것은 물론, 수의 순서와 크기를 비교하고 다양한 방법으로 수를 세어 봅니다. 이 책으로 차근차근 학습한 어린이는 여든이 일흔보다 크고, 2, 4, 6 다음에 8이 온다는 것을 아주 쉽게 알 수 있지요.

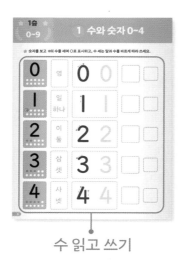

수 읽고 쓰기

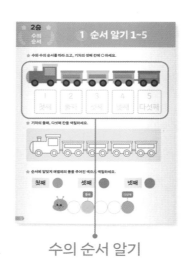

수의 순서 알기

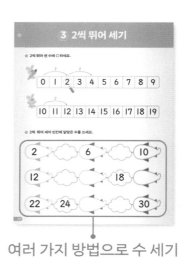

여러 가지 방법으로 수 세기

⭐ 10씩 묶어 세며 두 자릿수 익히기

12에서 십의 자리 1은 10을 의미합니다. 두 자릿수를 학습할 때, 12의 1은 1이 아니고 10을 의미한다는 것을 이해하는 것이 중요하지요. 구체물로 10개씩 묶어 세는 다양한 활동으로 수 감각을 키워 보세요.

10개씩 묶어 세기

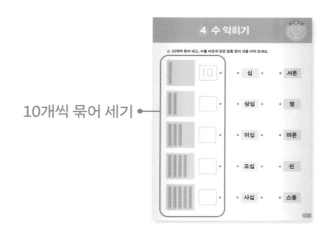

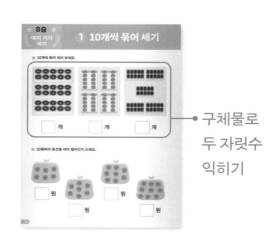

구체물로 두 자릿수 익히기

⭐ 여러 가지 방법으로 모으기와 가르기

수를 다양하게 분해하고 합성하며 충분히 다루어 보아야 덧셈과 뺄셈도 잘할 수 있습니다. 특히 중요한 10 모으기와 가르기를 익숙하게 하고, 19까지 수의 모으기와 가르기를 여러 가지 방법으로 연습해 보세요.

구체물로 모으기 ●————

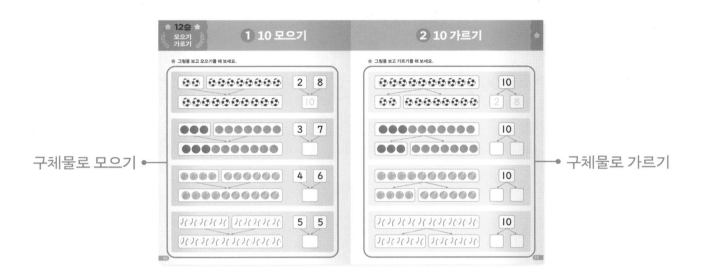

————● 구체물로 가르기

⭐ 쉬운 덧셈과 뺄셈

9까지의 덧셈과 뺄셈, 10이 되는 더하기, 10에서 빼기를 거쳐, 십몇, 몇십끼리의 덧셈과 뺄셈을 만나 봅니다. 모두 받아올림과 받아내림이 없는 수로만 구성하여, 초등 수학을 처음 접하는 어린이도 쉽게 학습할 수 있습니다.

9까지의 덧셈 ●————

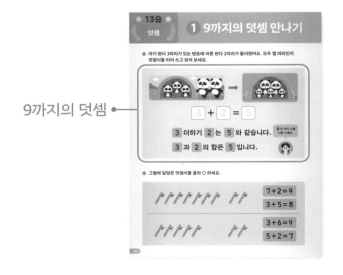

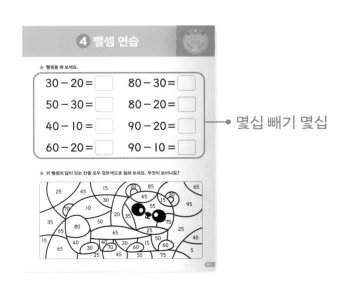

————● 몇십 빼기 몇십

_____의 완승 도전

완승

⭐ 100까지의 수

승	내용	쪽수	공부한 날	내 사인
1승	0~9	8-11쪽	월 일	
2승	수의 순서 (1~9)	12-15쪽	월 일	
3승	수의 크기 (1~9)	16-19쪽	월 일	
4승	10~19	20-23쪽	월 일	
5승	10~100	24-27쪽	월 일	
6승	수의 순서 (1~100)	28-31쪽	월 일	
7승	수의 크기 (10~100)	32-35쪽	월 일	
8승	여러 가지 세기	36-39쪽	월 일	
9승	수 종합	40-43쪽	월 일	

⭐ 10까지의 덧셈, 뺄셈

승	내용	쪽수	공부한 날		내 사인
10승	모으기 가르기(5까지)	44-47쪽	월	일	
11승	모으기 가르기(9까지)	48-51쪽	월	일	
12승	모으기 가르기(10)	52-55쪽	월	일	
13승	덧셈(9까지)	56-59쪽	월	일	
14승	뺄셈(9까지)	60-63쪽	월	일	
15승	0이 있는 덧셈, 뺄셈	64-67쪽	월	일	
16승	10이 되는 더하기, 10에서 빼기	68-71쪽	월	일	
17승	덧셈, 뺄셈 종합(10까지)	72-75쪽	월	일	

⭐ 두 자릿수 덧셈, 뺄셈

승	내용	쪽수	공부한 날		내 사인
18승	모으기 가르기(11~15)	76-79쪽	월	일	
19승	모으기 가르기(16~19)	80-83쪽	월	일	
20승	십 더하기 몇	84-87쪽	월	일	
21승	십몇 더하기 몇	88-91쪽	월	일	
22승	십몇 빼기 몇	92-95쪽	월	일	
23승	몇십 더하기 몇십, 몇십 빼기 몇십	96-99쪽	월	일	
완승	두 자릿수 덧셈, 뺄셈 종합	100-103쪽	월	일	

1 수와 숫자 0~4

⭐ 숫자를 보고 ●의 수를 세며 〇로 표시하고, 수 세는 말과 수를 바르게 따라 쓰세요.

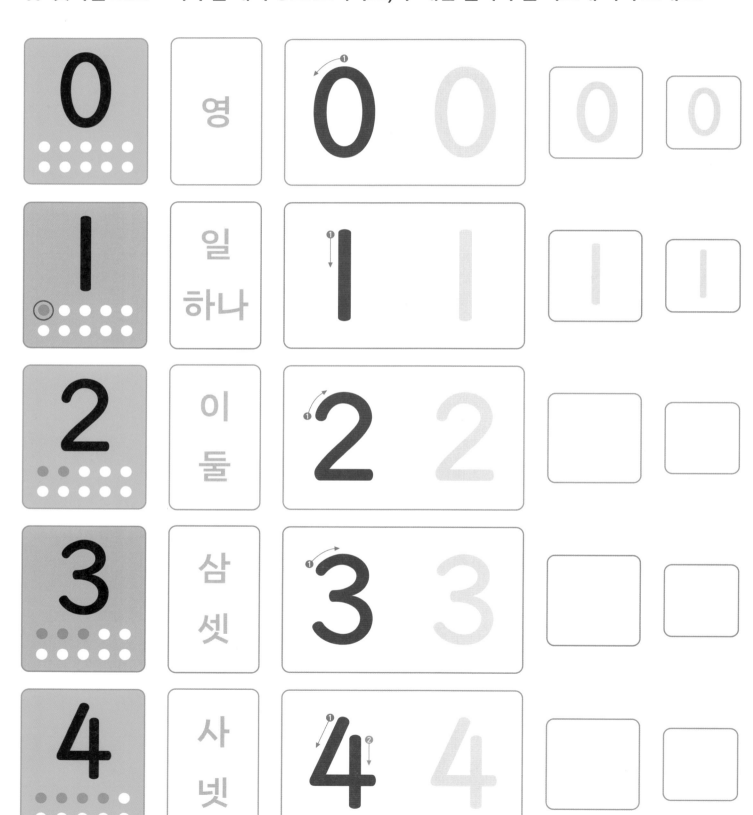

2 수와 숫자 5~9

⭐ 숫자를 보고 ●의 수를 세며 ○로 표시하고, 수 세는 말과 수를 바르게 따라 쓰세요.

5	오 다섯	5 5		
6	육 여섯	6 6		
7	칠 일곱	7 7		
8	팔 여덟	8 8		
9	구 아홉	9 9		

3 수 세기

⭐ 물고기가 몇 마리 있는지 세어 알맞은 수에 ○ 하세요.

2	3	4
3	4	5
3	4	7

⭐ 동물이 각각 몇 마리 있는지 세어 수를 쓰세요.

  마리   마리    마리

⭐ 과일의 수를 세어 쓰고, 수 세는 말과 알맞게 이어 보세요.

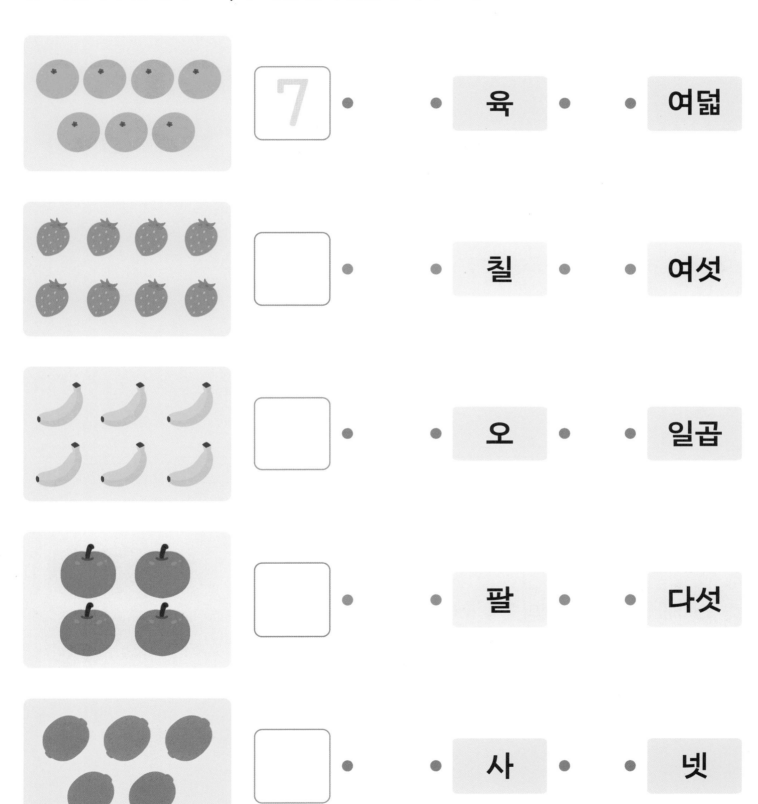

	7 •	• 육 •	• 여덟
	•	• 칠 •	• 여섯
	•	• 오 •	• 일곱
	•	• 팔 •	• 다섯
	•	• 사 •	• 넷

1 순서 알기 1~5

⭐ 수와 수의 순서를 따라 쓰고, 기차의 셋째 칸에 〇 하세요.

| 1 | 2 | 3 | 4 | 5 |
| 첫째 | 둘째 | 셋째 | 넷째 | 다섯째 |

⭐ 기차의 둘째, 다섯째 칸을 색칠하세요.

⭐ 순서에 알맞게 애벌레의 몸을 주어진 색으로 색칠하세요.

첫째 ●   셋째 ●   넷째 ●

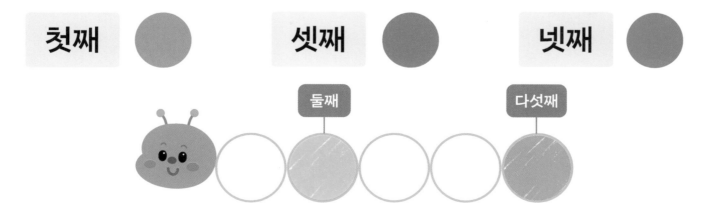

⭐ 순서에 알맞게 선을 이어 보세요.

위에서 둘째 •

아래에서 넷째 •

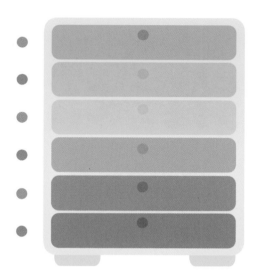

⭐ 보기 와 같이 색칠하세요.

 셋은 3개 모두 색칠하지만,
셋째는 1개만 색칠해요.

| 보기 | 3 | 셋(삼) | 🍀 🍀 🍀 🍀 🍀 🍀 🍀 🍀 🍀 🍀 |
| | | 셋째 | 🍀 🍀 🍀 🍀 🍀 🍀 🍀 🍀 🍀 🍀 |

5	다섯(오)	🌼 🌼 🌼 🌼 🌼 🌼 🌼 🌼 🌼 🌼
	다섯째	🌼 🌼 🌼 🌼 🌼 🌼 🌼 🌼 🌼 🌼
4	넷(사)	🐻 🐻 🐻 🐻 🐻 🐻 🐻 🐻 🐻 🐻
	넷째	🐻 🐻 🐻 🐻 🐻 🐻 🐻 🐻 🐻 🐻

⭐ 순서에 알맞게 선을 이어 보세요.

여섯째 **일곱째** **여덟째** **아홉째**

⭐ 왼쪽에서 일곱째 책에 〇, 오른쪽에서 아홉째 책에 □ 하세요.

⭐ 순서에 맞는 친구를 찾아 ◯ 하세요.

앞에서 여섯째 친구

뒤에서 일곱째 친구

⭐ 순서에 알맞게 빈칸에 수를 쓰세요.

| 1 | 2 | | 4 | | 6 | | 8 | |

⭐ 빈칸에 알맞은 수를 쓰세요.

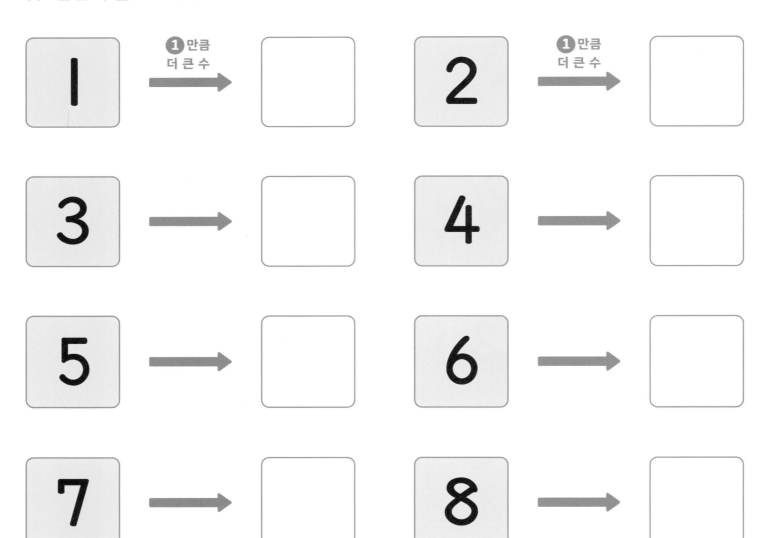

⭐ 순서에 알맞게 빈칸에 수를 쓰세요.

| | 2 | | 4 | | 6 | | 8 | 9 |

⭐ 빈칸에 알맞은 수를 쓰세요.

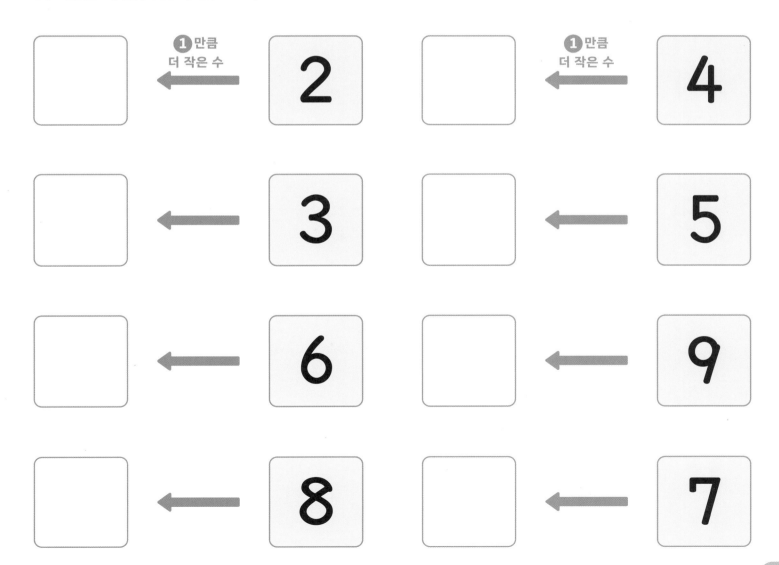

1만큼
더 작은 수
← 2

1만큼
더 작은 수
← 4

← 3

← 5

← 6

← 9

← 8

← 7

⭐ 각각 몇 개인지 세어 빈칸에 쓰고, 더 큰 수에 ◯하세요.

⭐ 각각 몇 개인지 세어 빈칸에 쓰고, 가장 큰 수에 ◯하세요.

⭐ 꽃을 세어 빈칸에 쓰고, 더 큰 수에 ○하세요.

⭐ 길을 따라가며 알맞은 수를 골라 꿀단지가 있는 곳까지 가 보세요.

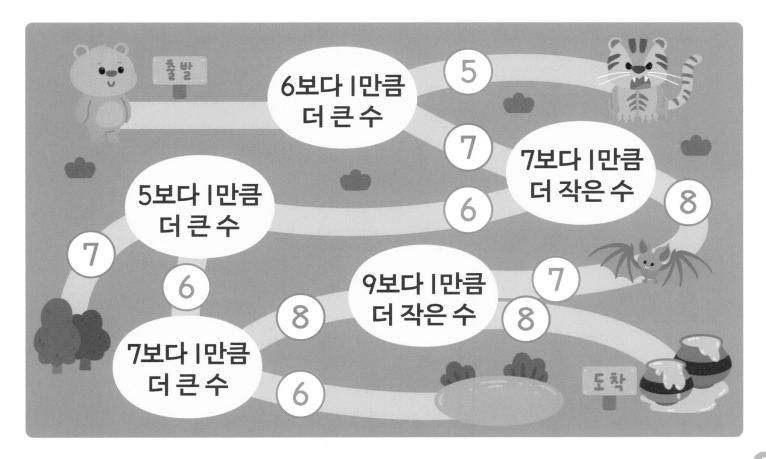

⭐ 수 모형을 세어 보고, 수 세는 말과 수를 바르게 따라 쓰세요.

10개씩 묶음 1개와 낱개 2개를 12라고 해요.

	10	십 열	10	☐ ☐
← 10개 묶음				
↑ 낱개	11	십일 열하나	11	☐ ☐
	12	십이 열둘	12	☐ ☐
	13	십삼 열셋	13	☐ ☐
	14	십사 열넷	14	☐ ☐

⭐ 수 모형을 세어 보고, 수 세는 말과 수를 바르게 따라 쓰세요.

	15	십오 열다섯	15		
	16	십육 열여섯	16		
	17	십칠 열일곱	17		
	18	십팔 열여덟	18		
	19	십구 열아홉	19		

⭐ 10개씩 묶어 보고, 10개씩 묶음과 낱개의 수를 세어 모두 몇 개인지 쓰세요.

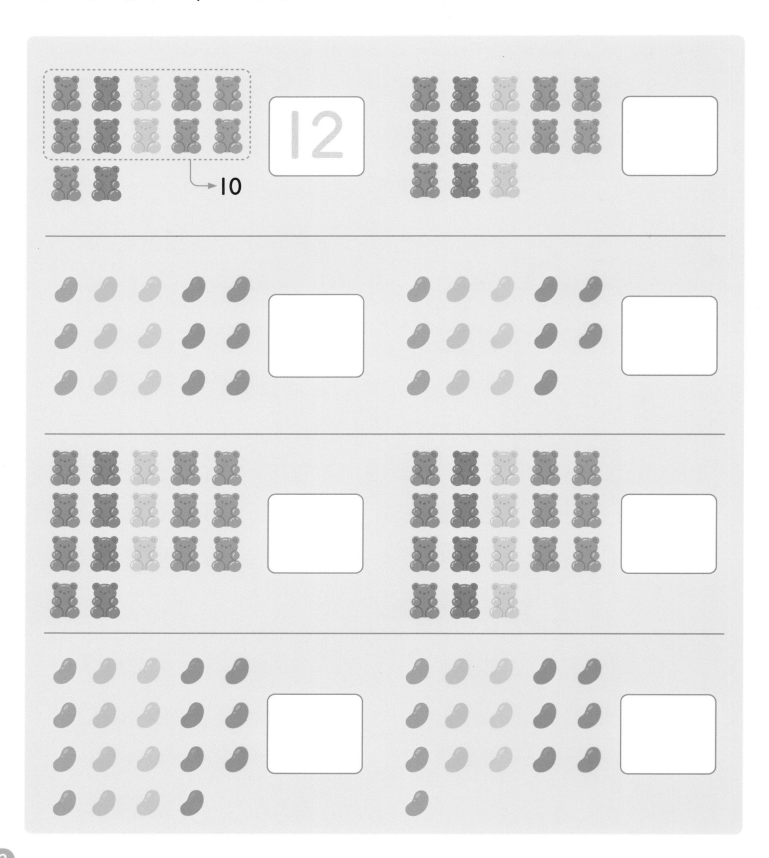

⭐ 10개씩 묶음과 낱개의 수를 세어 모두 몇 개인지 쓰고, 수를 바르게 읽은 말을 찾아 선을 이어 보세요.

★ 10개씩 묶어 세고, 수 세는 말과 수를 바르게 따라 쓰세요.

	10개씩 묶음 1개 **10**	십 열	10	
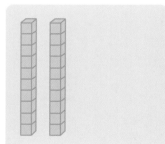	10개씩 묶음 2개 **20**	이십 스물	20	
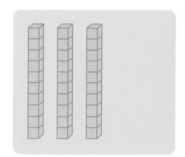	10개씩 묶음 3개 **30**	삼십 서른	30	
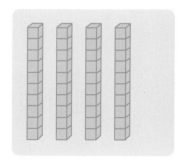	10개씩 묶음 4개 **40**	사십 마흔	40	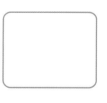
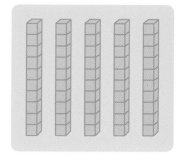	10개씩 묶음 5개 **50**	오십 쉰	50	

⭐ 10개씩 묶어 세고, 수 세는 말과 수를 바르게 따라 쓰세요.

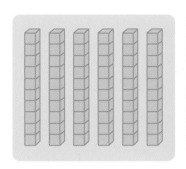

10개씩 묶음 6개
60

육십
예순

60

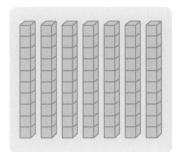

10개씩 묶음 7개
70

칠십
일흔

70

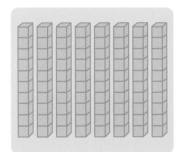

10개씩 묶음 8개
80

팔십
여든

80

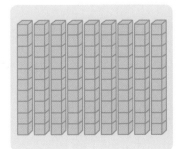

10개씩 묶음 9개
90

구십
아흔

90

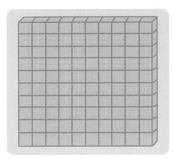

10개씩 묶음 10개
100

백

100

⭐ 10개씩 묶어 세고, 빈칸에 알맞은 수를 쓰세요.

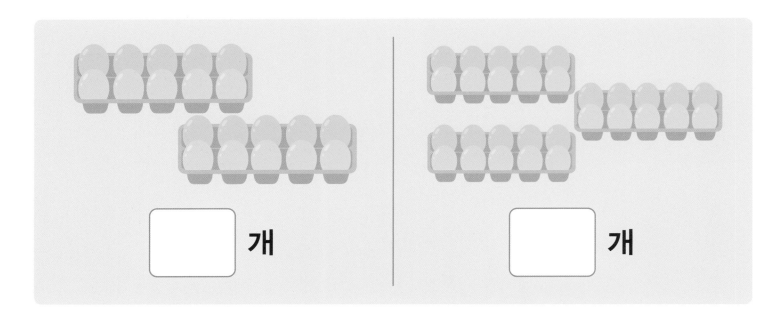

☐ 개   ☐ 개

⭐ 꽃의 수를 10개씩 묶어 세고, 빈칸에 알맞은 수를 쓰세요.

 ☐ 송이   ⬤ ☐ 송이   ☐ 송이

⭐ 10개씩 묶어 세고, 수를 바르게 읽은 말을 찾아 선을 이어 보세요.

	10 •	• 십 •	• 서른
		• 삼십 •	• 열
		• 이십 •	• 마흔
		• 오십 •	• 쉰
		• 사십 •	• 스물

⭐ 수의 순서에 맞게 빈칸에 알맞은 수를 쓰세요.

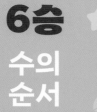

1		3							10
			14						
				25			28		
32					37				
								49	
				55					60
62									
	73								
					86		88		
	92								

⭐ 수의 순서에 맞게 빈칸에 알맞은 수를 쓰세요.

⭐ 수의 순서에 맞게 빈칸에 알맞은 수를 쓰세요.

3 1 큰 수, 1 작은 수

⭐ 빈칸에 1 작은 수와 1 큰 수를 쓰세요.

⭐ **1부터 100까지 수를 순서대로 이어 보세요.**

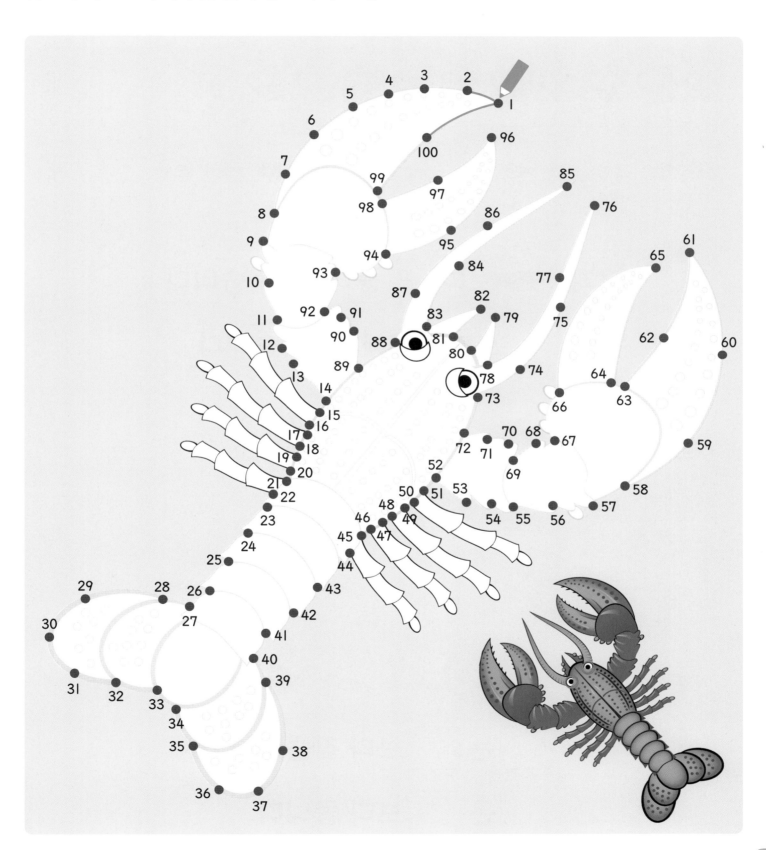

⭐ 두 수의 크기를 비교해 보세요.

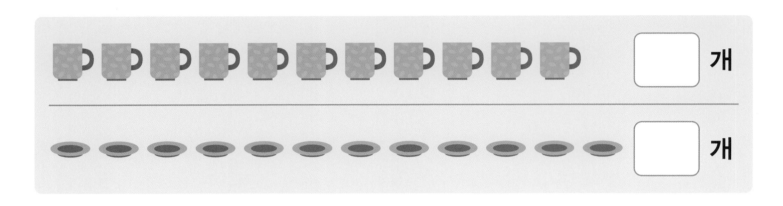

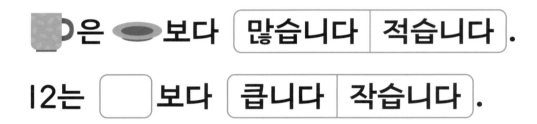

🥤은 ⬤보다 [많습니다 | 적습니다] .

12는 ☐보다 [큽니다 | 작습니다] .

⭐ 수 모형을 세어 빈칸에 수를 쓰고, 수의 크기를 비교해 보세요.

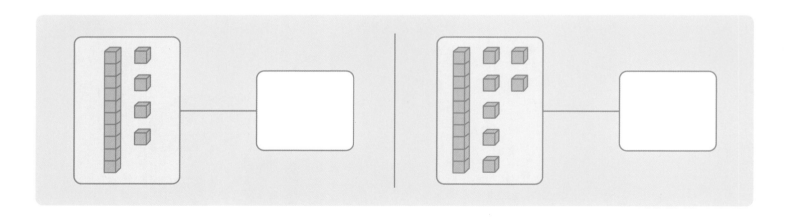

☐는 ☐보다 작습니다.

☐은 ☐보다 큽니다.

⭐ 두 수 중 더 큰 수에 ○하세요.

⭐ 보기 와 같은 방법으로 색칠하세요.

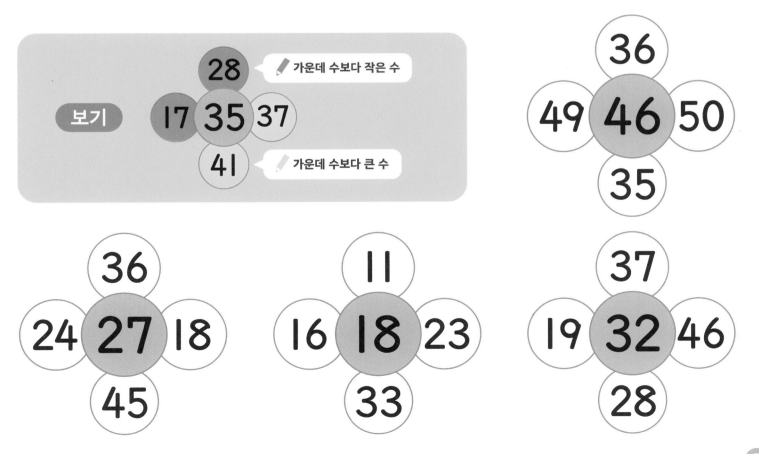

⭐ 구슬의 수를 세어 쓰고, 둘 중 더 큰 수에 〇 하세요.

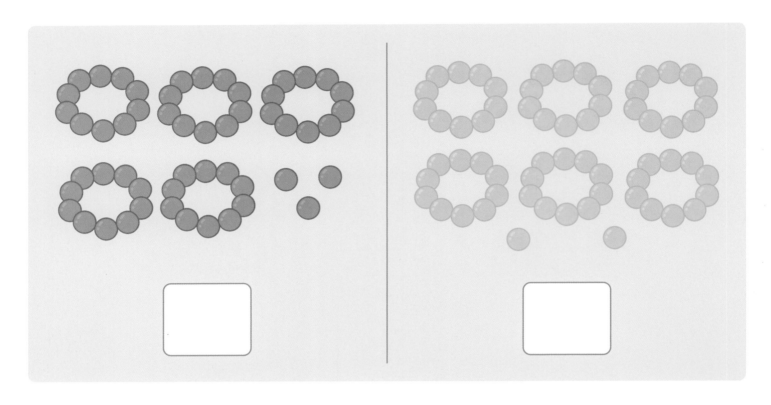

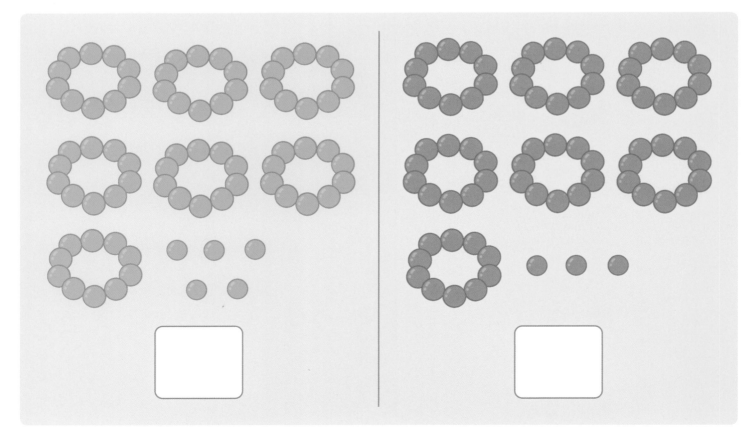

⭐ 가장 큰 수에 ○하고, 가장 작은 수에 △하세요.

10 30 20	31 11 41
25 15 45 65	92 36 29 63

⭐ 보기 와 같이 두 수를 비교하여 ○ 안에 >, <를 알맞게 쓰세요.

큰 수 쪽으로
입이 쩍 벌어져요.

보기

12 < 13

16 ○ 13

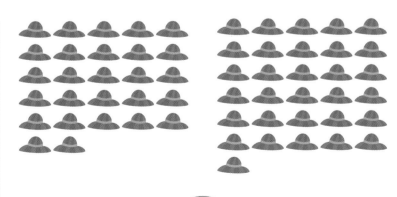

27 ○ 31

⭐ 10개씩 묶어 세어 보세요.

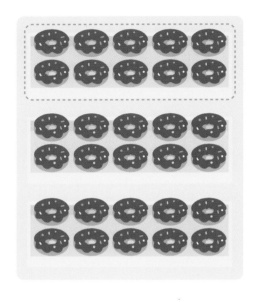
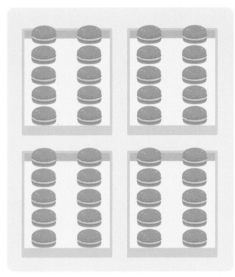
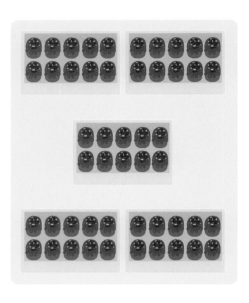

☐ 개　　　☐ 개　　　☐ 개

⭐ 10원짜리 동전을 세어 얼마인지 쓰세요.

☐ 원　　　☐ 원　　　☐ 원　　　☐ 원

⭐ 주사위로 5개씩 묶어 세어 보세요.

3 2씩 뛰어 세기

⭐ 2씩 뛰어 센 수에 ○ 하세요.

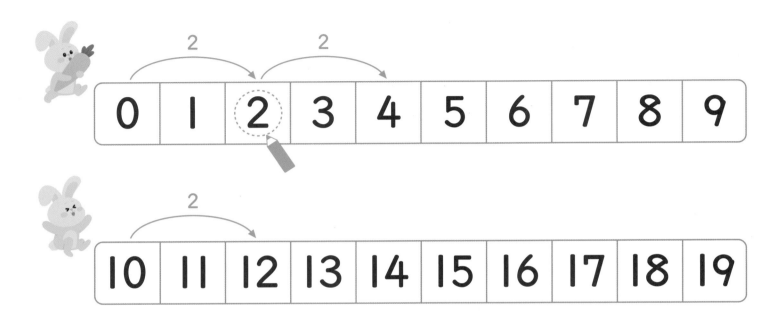

⭐ 2씩 뛰어 세어 빈칸에 알맞은 수를 쓰세요.

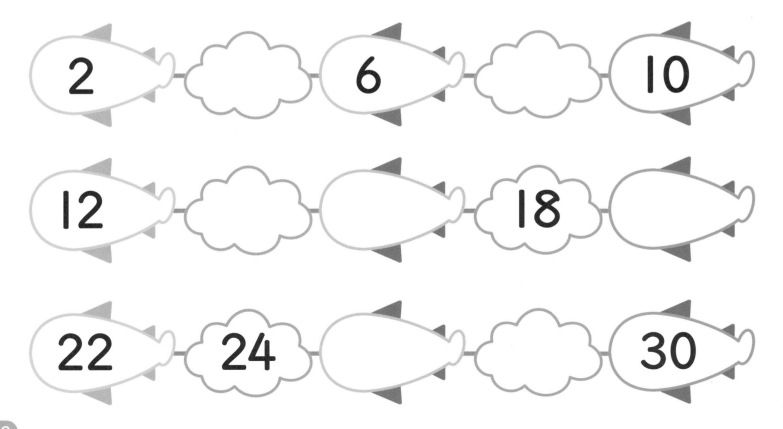

⭐ 아래와 같이 뛰어 세기를 하며 빈칸에 알맞은 수를 쓰세요.

10씩 뛰어 세기	10	20	30			60

5씩 뛰어 세기	5		15		25	

2씩 뛰어 세기	10		14	16		20

⭐ 아래와 같이 뛰어 세기를 하며 숫자에 표시하세요.

✓ 2씩 뛰어 세기   ○ 5씩 뛰어 세기   ☆ 10씩 뛰어 세기

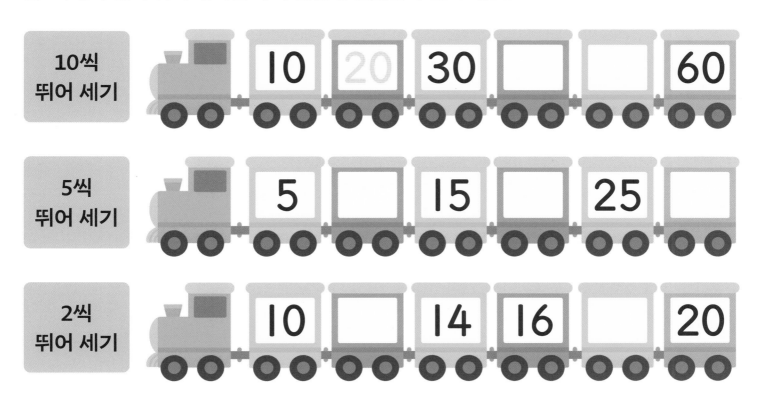

50	51	52	53	54	55	56	57	58	59	60
	61	62	63	64	65	66	67	68	69	70
	71	72	73	74	75	76	77	78	79	80
	81	82	83	84	85	86	87	88	89	90

1 수 세기

⭐ 수를 세어 빈칸에 알맞은 수를 쓰세요.

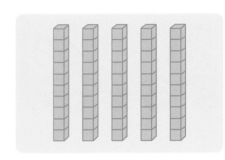 50

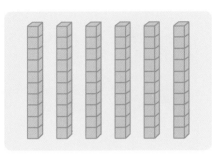

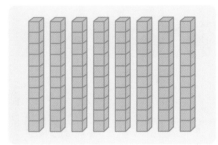

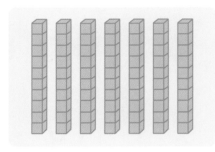

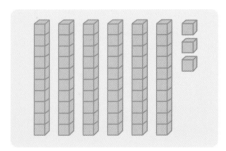

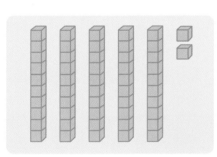

⭐ 수의 순서를 생각하며 알맞은 수를 쓰세요.

52 → ☐ → 54 → 55

45 → 50 → ☐ → 60

70 → 72 → 74 → ☐

☐ → 25 → 30 → ☐

★ 51부터 수를 세면서 빈칸에 알맞은 수를 쓰세요.

51 52 53 54 ☐ 56 57 58 59 60

61 ☐ 63 64 육십오 66 ☐ 68 69 70

71 칠십이 73 ☐ 75 ☐ 77 78 79 80

81 82 83 ☐ 85 ☐ 87 팔십팔 ☐ 90

91 92 93 구십사 95 96 ☐ ☐ 99 100

⭐ 숫자를 보고 빈칸에 알맞은 수 세는 말을 쓰세요.

51 쉰하나	52 쉰둘	53	54	55 쉰다섯
56 쉰여섯	57	58	59 쉰아홉	60
61 예순하나	62	63 예순셋	64	65 예순다섯
66 예순여섯	67	68 예순여덟	69	70

⭐ 네모 안의 수 세는 말 중에서 가장 큰 수에 ○, 가장 작은 수에 △하고, 순서대로 쓰세요.

서른 아흔 여든 스물 쉰 일흔 마흔 예순

열				
10	20	30	40	50

				백
60	70	80	90	100

⭐ 두 수의 크기를 비교하여 ○ 안에 >, <를 알맞게 쓰세요.

51 ◯ 53

62 ◯ 65

67 ◯ 69

73 ◯ 71

60 ◯ 70

55 ◯ 53

93 ◯ 83

95 ◯ 99

마흔 ◯ 서른

쉰하나 ◯ 일흔

1 5까지의 모으기

⭐ 그림을 보고 모으기를 해 보세요.

 모으기는 둘 이상의 수를
모아서 한 수로 만드는 거예요.

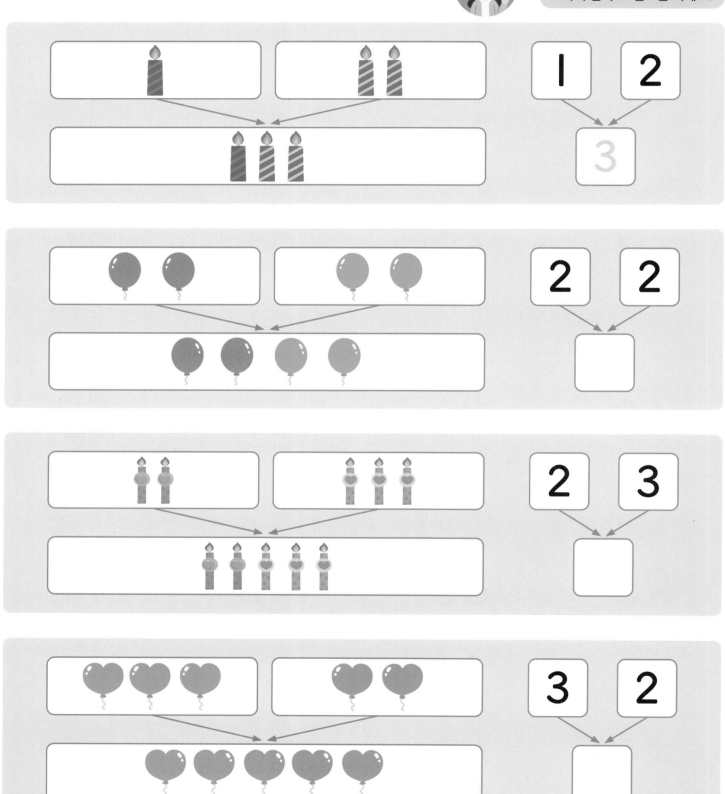

⭐ 그림을 보고 가르기를 해 보세요.

가르기는 한 수를 둘 이상의 수로 나누는 거예요.

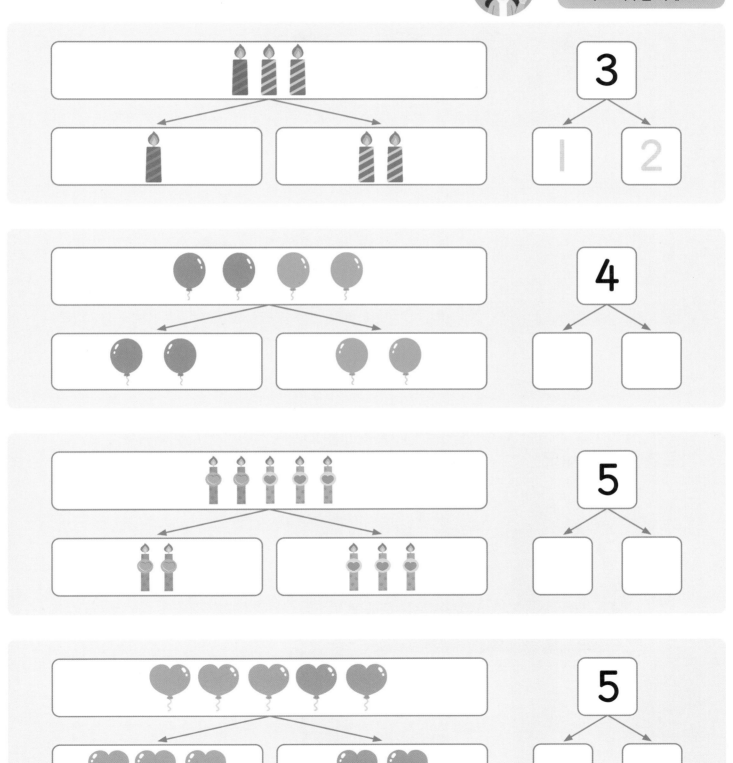

3 가능한 모든 경우로 가르기

⭐ 5를 가능한 모든 경우로 가르기하여 ◯를 색칠하고 빈칸에 수를 쓰세요.

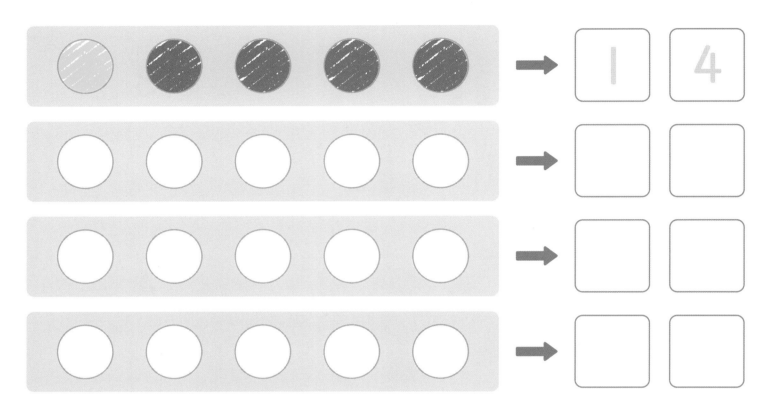

⭐ 샌드위치 4개를 2개의 접시에 나누어 담으려고 해요. 여러 가지 방법으로 가르기를 해 보세요.

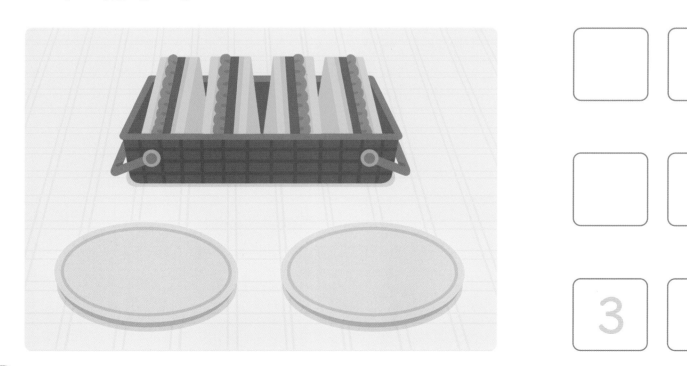

⭐ 모으기와 가르기를 해 보세요.

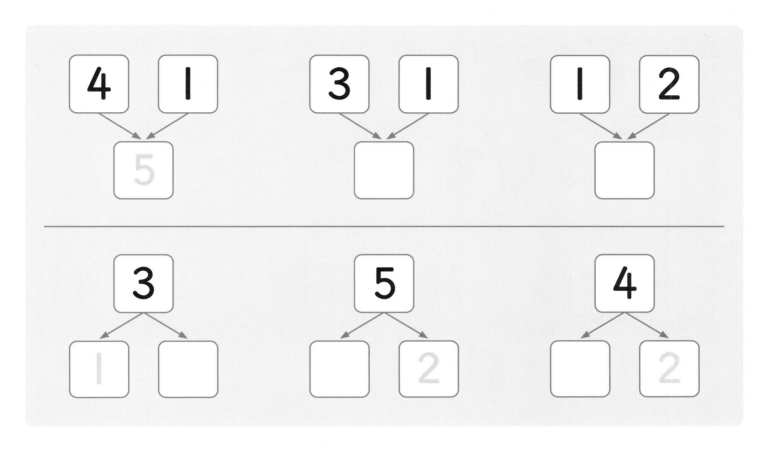

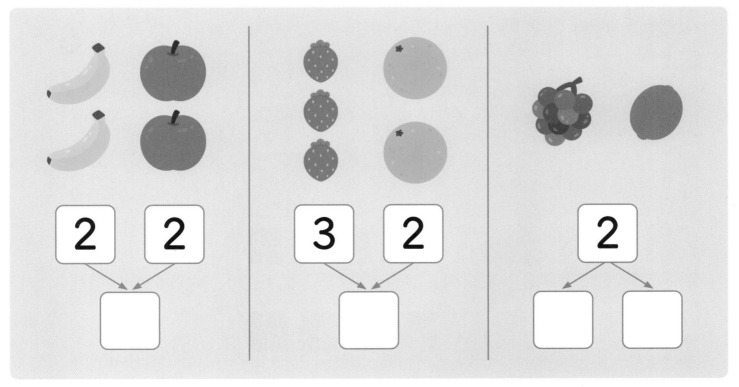

1 9까지의 모으기

★ 그림을 보고 모으기를 해 보세요.

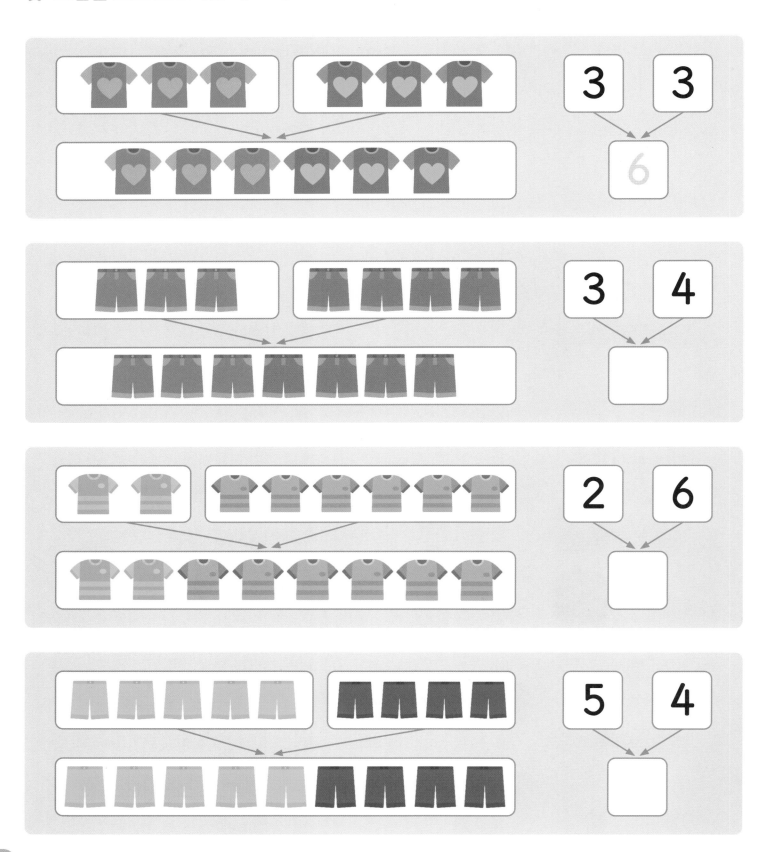

⭐ 그림을 보고 가르기를 해 보세요.

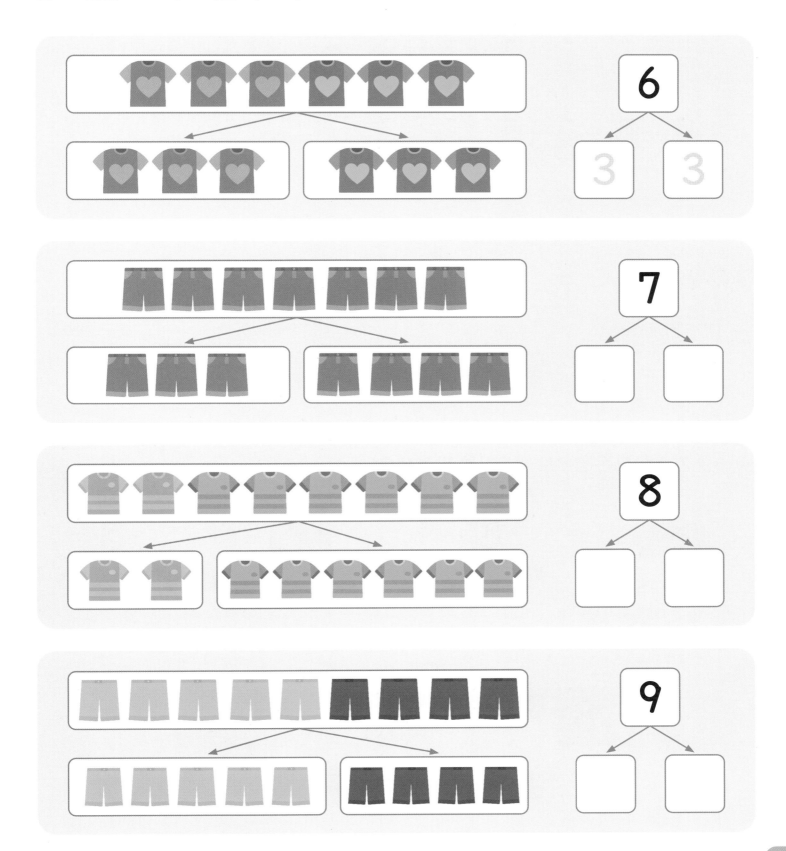

3 가능한 모든 경우로 가르기

⭐ 주스 6개를 가능한 모든 경우로 가르기하여 두 묶음으로 묶고, 빈칸에 수를 쓰세요.

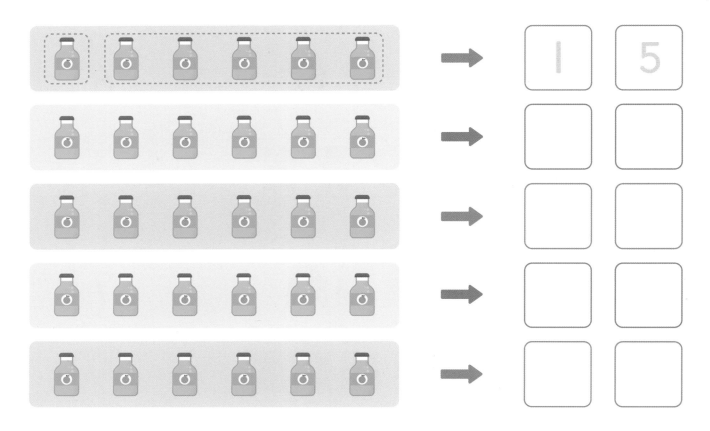

⭐ 8을 가능한 모든 경우로 가르기를 해 보세요.

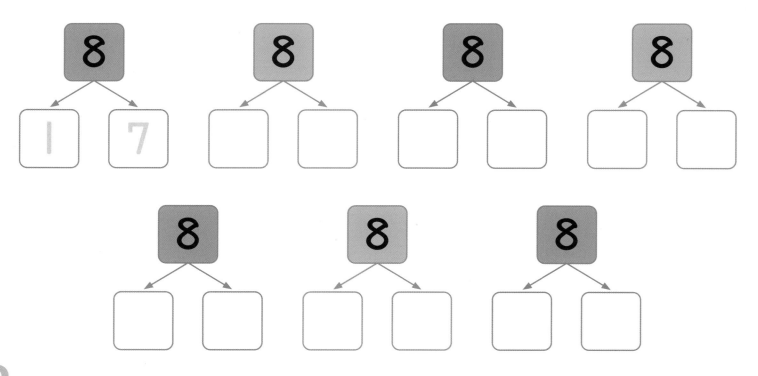

⭐ 그림을 보고 가르기를 해 보세요.

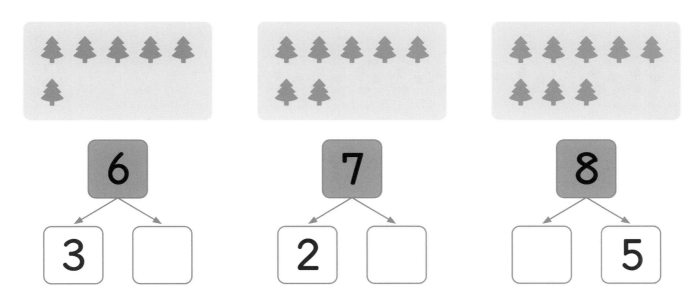

⭐ 모으기와 가르기를 해 보세요.

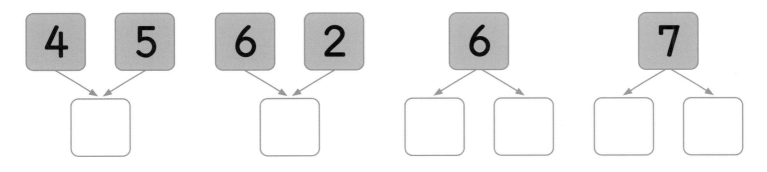

⭐ 점 6개를 가르기하여 그려 보세요.

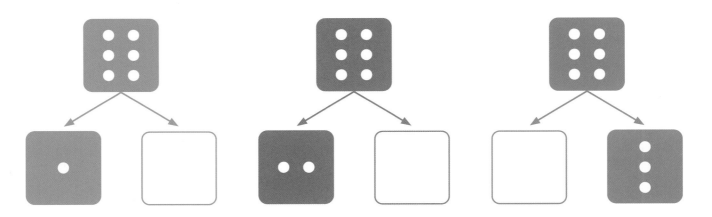

1 10 모으기

⭐ 그림을 보고 모으기를 해 보세요.

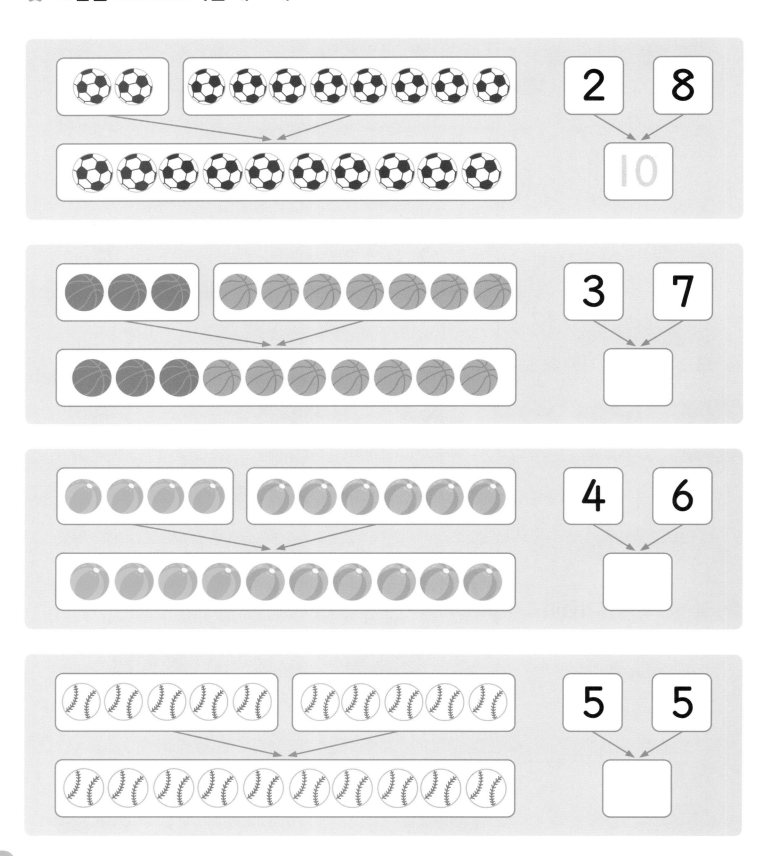

⭐ 그림을 보고 가르기를 해 보세요.

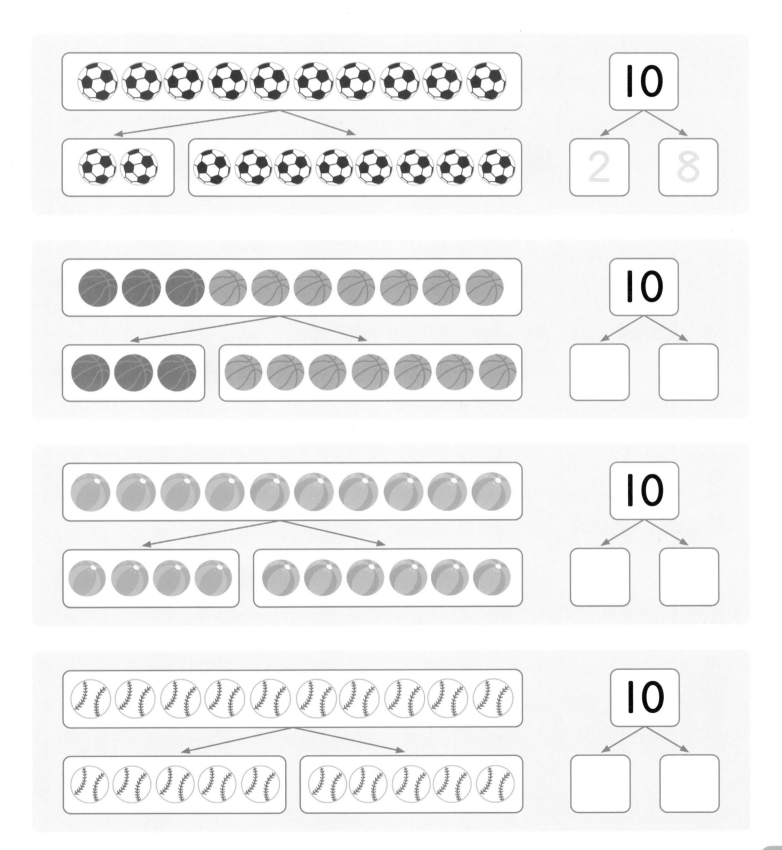

3 가능한 모든 경우로 가르기

⭐ 가능한 모든 경우로 가르기하여 /로 표시하고, 빈칸에 수를 쓰세요.

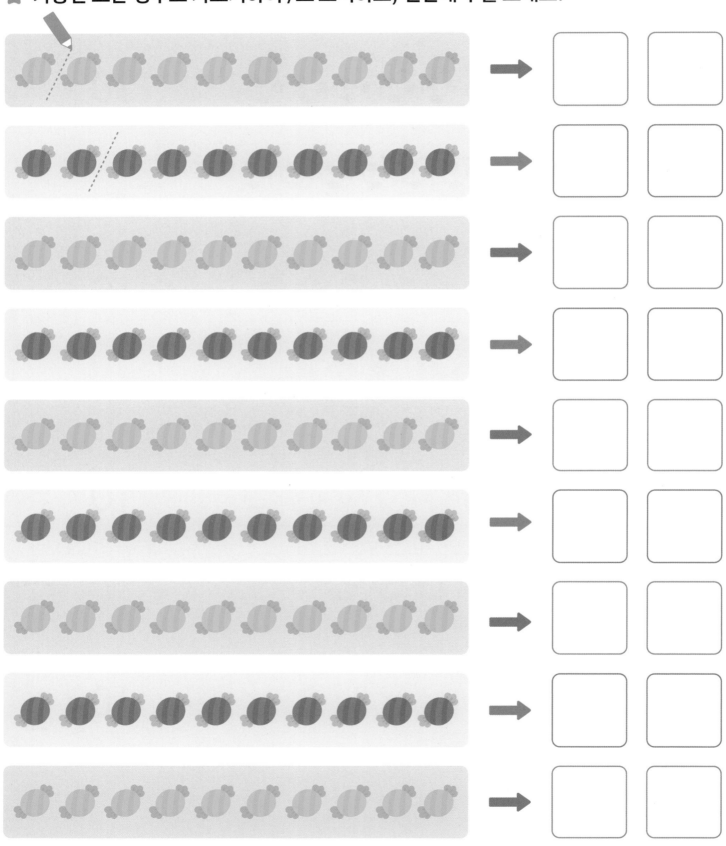

4 모으기, 가르기 연습

12승

⭐ 그림을 보고 가르기를 해 보세요.

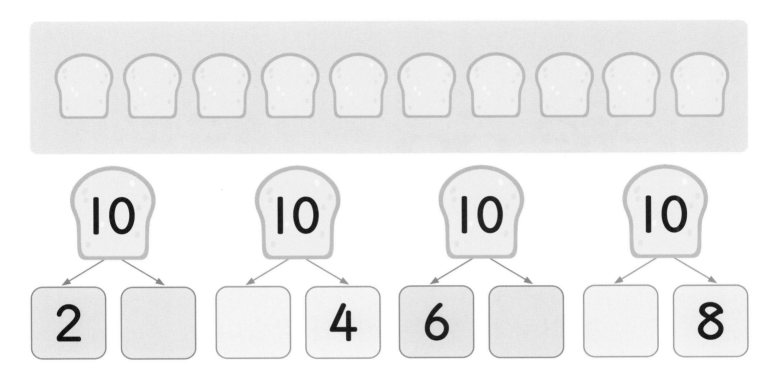

⭐ 모으기와 가르기를 해 보세요.

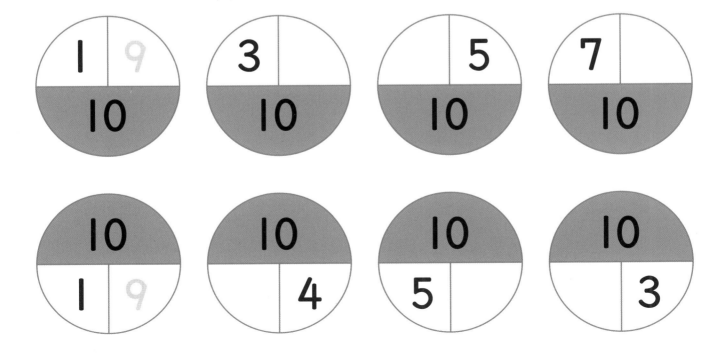

1 9까지의 덧셈 만나기

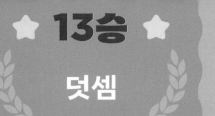

⭐ 아기 판다 3마리가 있는 텐트에 어른 판다 2마리가 들어왔어요. 모두 몇 마리인지 덧셈식을 따라 쓰고 읽어 보세요.

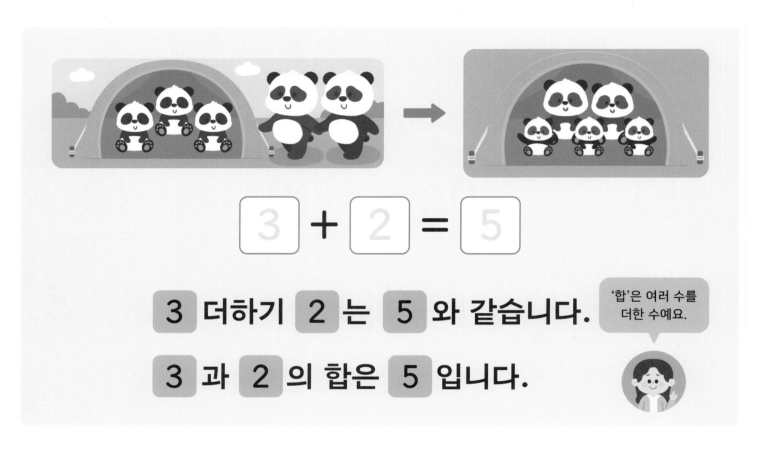

$$3 + 2 = 5$$

3 더하기 2 는 5 와 같습니다.

3 과 2 의 합은 5 입니다.

'합'은 여러 수를 더한 수예요.

⭐ 그림에 알맞은 덧셈식을 골라 ○ 하세요.

7+2=9
3+5=8

3+6=9
5+2=7

2 9까지의 덧셈 알아보기

⭐ 그림에 맞는 덧셈식을 쓰고 읽어 보세요.

$$\boxed{} + \boxed{} = \boxed{}$$

$$\boxed{} + \boxed{} = \boxed{}$$

⭐ 알맞은 덧셈식을 찾아 선으로 잇고 덧셈을 해 보세요.

$$1 + 6 = 7$$

$$5 + 4 =$$

$$3 + 5 =$$

★ 그림의 수만큼 ○를 그리고 덧셈을 해 보세요.

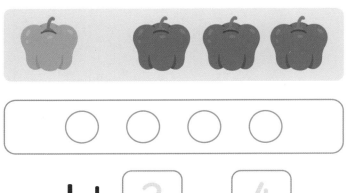 

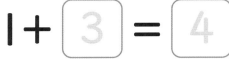

$1 + 3 = 4$ $3 + 2 = 5$

★ 같은 덧셈 그림을 찾아 선을 이어 보세요.

덧셈은 이미 있는 것에 새로운 것을 첨가하여 전체를 알아보는 '첨가'와 두 쪽을 한 곳에 모으는 '합병'이 있어요.

·   ·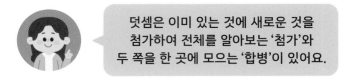

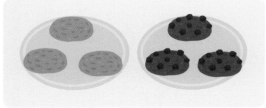

·   ·

★ 그림에 알맞은 덧셈식을 써 보세요.

$2 + 3 = \boxed{}$ $5 + 2 = \boxed{}$

⭐ 그림을 보고 모으기와 덧셈을 해 보세요.

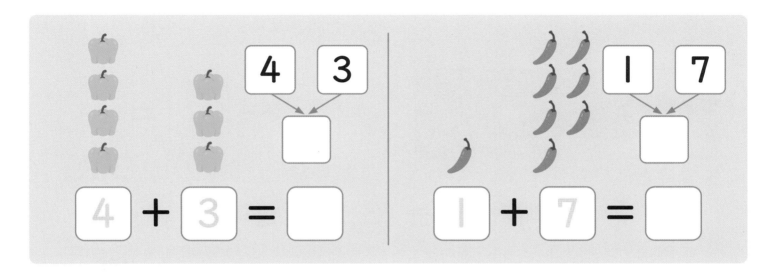

4 + 3 = ☐

1 + 7 = ☐

⭐ 덧셈을 해 보세요.

2 + 1 = ☐   4 + 1 = ☐

2 + 2 = ☐   4 + 2 = ☐

2 + 3 = ☐   4 + 3 = ☐

2 + 4 = ☐   4 + 4 = ☐

2 + 5 = ☐   4 + 5 = ☐

1 9까지의 뺄셈 만나기

⭐ 곰 5마리 중 2마리가 물속에서 밖으로 나갔어요. 물속에 남은 곰은 몇 마리인지 뺄셈식을 따라 쓰고 읽어 보세요.

$$5 - 2 = 3$$

5 빼기 2 는 3 과 같습니다.

5 와 2 의 차는 3 입니다.

'차'는 어떤 수에서 다른 수를 뺀 나머지예요.

⭐ 그림에 알맞은 뺄셈식을 찾아 선을 이어 보세요.

본래 있던 몇 개 중 몇 개가 없어졌는지 살피며 '제거' 상황의 뺄셈을 해 보세요.

$$4 - 1 = 3$$

$$6 - 2 = 4$$

$$8 - 3 = 5$$

⭐ 아이스크림이 스푼보다 몇 개 더 많은지 뺄셈식을 따라 쓰고 읽어 보세요.

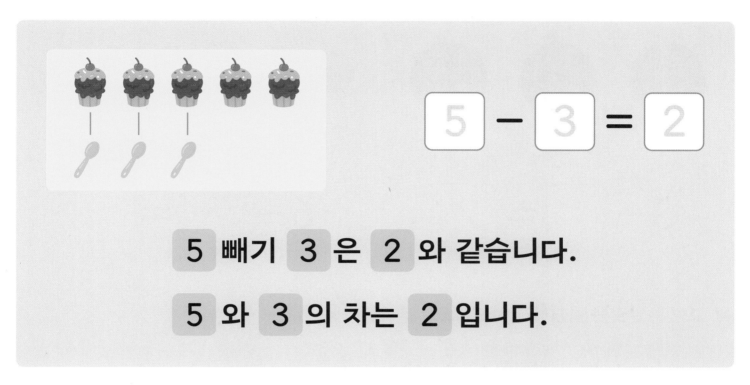

$$5 - 3 = 2$$

5 빼기 3 은 2 와 같습니다.

5 와 3 의 차는 2 입니다.

⭐ 그림에 알맞은 뺄셈식을 찾아 선을 이어 보세요.

 무엇이 얼마나 더 많은지 일대일 대응으로 '비교'하며 개수의 차이를 살펴보세요.

$$9 - 4 = 5$$

$$5 - 2 = 3$$

$$4 - 2 = 2$$

⭐ 덜어 낸 수만큼 ●를 지우고 뺄셈을 해 보세요.

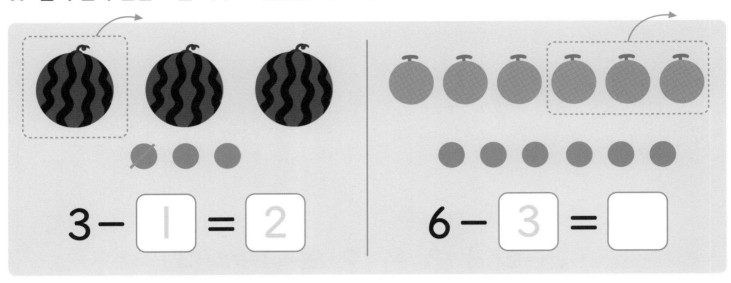

$$3 - \boxed{1} = \boxed{2}$$

$$6 - \boxed{3} = \boxed{}$$

⭐ 그림에 알맞은 뺄셈식을 써 보세요.

$$5 - \boxed{3} = \boxed{}$$

⭐ 같은 뺄셈 그림을 찾아 선을 이어 보세요.

4 9까지의 뺄셈 연습

⭐ 그림을 보고 가르기와 뺄셈을 해 보세요.

6

3

6 − 3 =

7

3

7 − =

⭐ 뺄셈을 해 보세요.

9 − 1 =

9 − 2 =

9 − 3 =

9 − 4 =

9 − 5 =

7 − 1 =

7 − 2 =

7 − 3 =

7 − 4 =

7 − 5 =

1 0이 있는 덧셈

★ 그림을 보고 덧셈을 해 보세요.

$0 + 3 = \boxed{3}$

$5 + 0 = \boxed{}$

★ 바나나가 모두 몇 개인지 덧셈식으로 쓰세요.

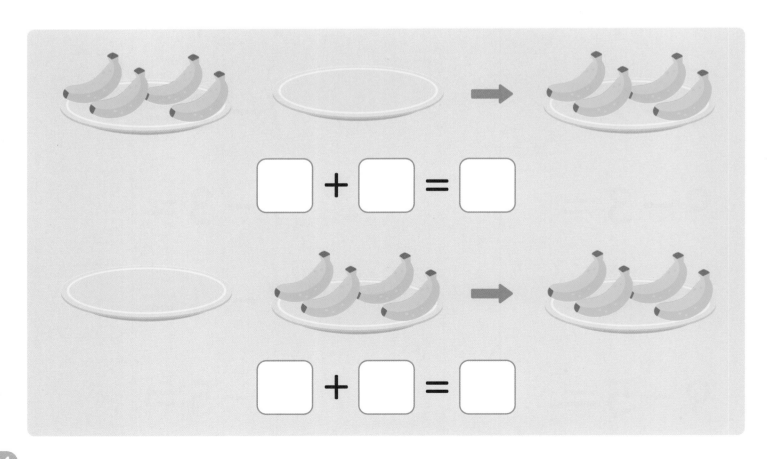

$$\boxed{} + \boxed{} = \boxed{}$$

$$\boxed{} + \boxed{} = \boxed{}$$

⭐ 그림을 보고 뺄셈을 해 보세요.

4 − 4 = 0

6 − 0 =

⭐ 생선이 몇 마리 남았는지 뺄셈식으로 쓰세요.

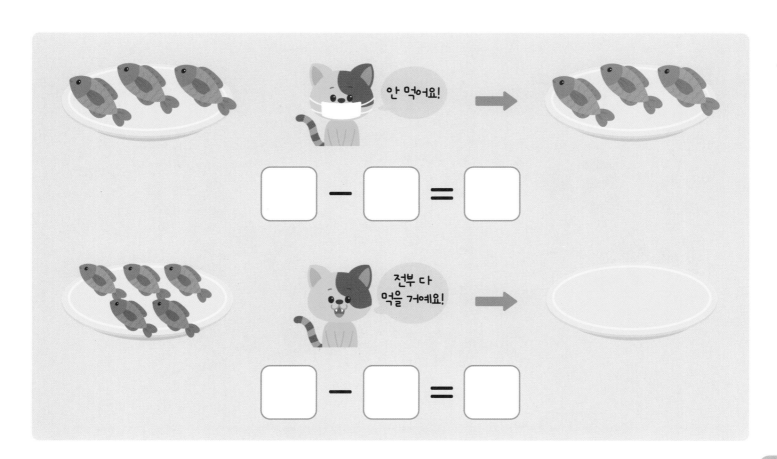

★ 빈칸에 답을 쓰고, 답이 8인 덧셈식을 모두 찾아 ○ 하세요.

8을
찾아라!

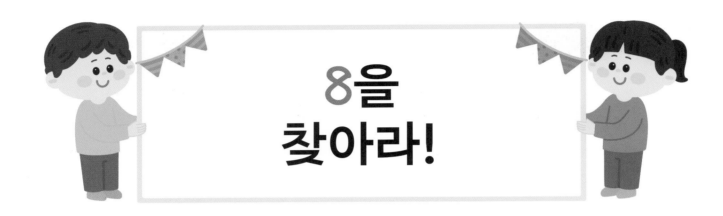

3 + 5 =

5 + 3 =

9 + 0 =

2 + 6 =

4 + 3 =

5 + 4 =

6 + 3 =

1 + 7 =

3 + 6 =

4 + 4 =

4 + 3 =

⭐ 답이 2인 뺄셈식을 모두 찾아 ○ 하세요.

4 − 2	2	7 − 5
2 − 0		7 − 4
5 − 2		9 − 7
8 − 6		6 − 1
4 − 1		3 − 1
9 − 5		3 − 2

1 10이 되는 더하기

★ 두 가지 색의 공을 더해 10을 만드는 덧셈식을 써 보세요.

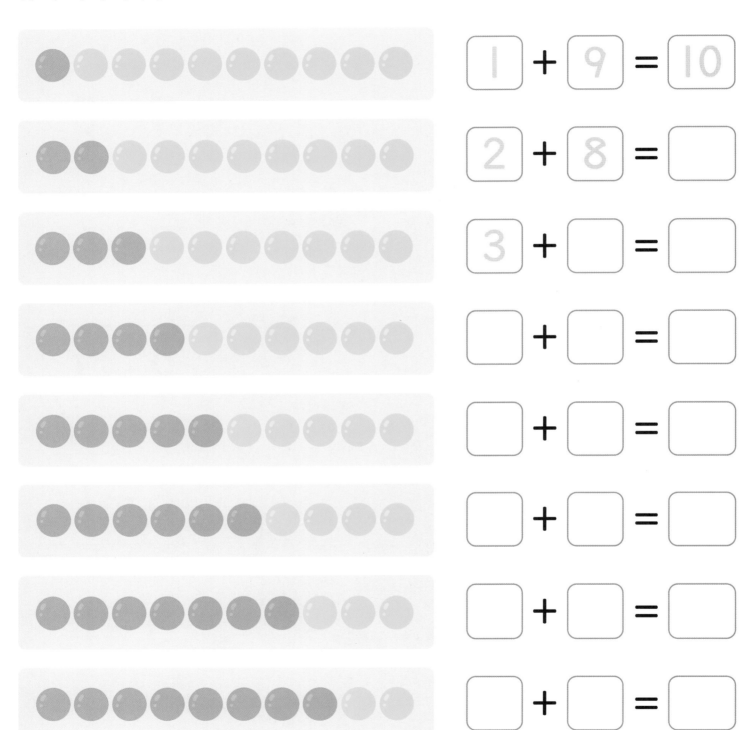

$1 + 9 = 10$

$2 + 8 = \boxed{}$

$3 + \boxed{} = \boxed{}$

$\boxed{} + \boxed{} = \boxed{}$

$\boxed{} + \boxed{} = \boxed{}$

$\boxed{} + \boxed{} = \boxed{}$

$\boxed{} + \boxed{} = \boxed{}$

$\boxed{} + \boxed{} = \boxed{}$

$\boxed{} + \boxed{} = \boxed{}$

⭐ 빈칸에 알맞은 수를 쓰세요.

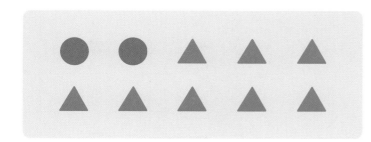

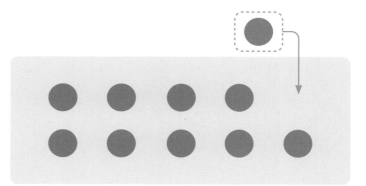

$\boxed{} + \boxed{} = 10$ $\boxed{} + \boxed{} = 10$

⭐ 이어 세기를 하며 빈칸에 알맞은 수를 쓰세요.

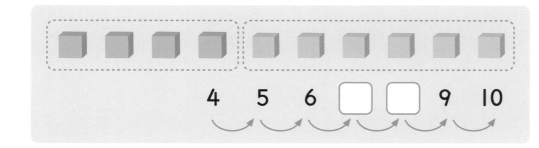

4 5 6 ☐ ☐ 9 10

$4 + 6 = \boxed{}$

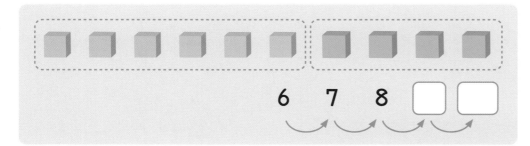

6 7 8 ☐ ☐

$6 + 4 = \boxed{}$

⭐ 더해서 10이 되는 두 수를 찾아 ○하고, 덧셈식을 써 보세요.

4	6	5
3	8	5
7	1	9

$4 + 6 = \boxed{}$ $\boxed{} + \boxed{} = \boxed{}$

$\boxed{} + \boxed{} = \boxed{}$ $\boxed{} + \boxed{} = \boxed{}$

⭐ 10에서 파란색 공의 수만큼 빼는 뺄셈식을 써 보세요.

$10 - 1 = 9$

$10 - 2 = $

$10 - = $

$ - = $

$ - = $

$ - = $

$ - = $

$ - = $

$ - = $

⭐ 빈칸에 알맞은 수를 쓰세요.

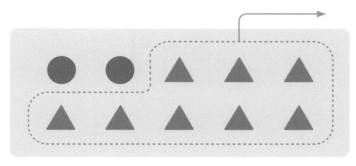 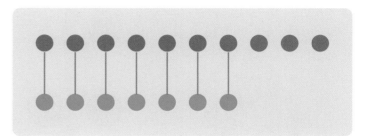

$10 - \boxed{} = \boxed{}$ $10 - \boxed{} = \boxed{}$

⭐ 10에서부터 거꾸로 세면서 빈칸에 알맞은 수를 쓰세요.

$10 - 3 = \boxed{}$

$10 - 4 = \boxed{}$

⭐ 뺄셈을 해 보세요.

$10 - 6 = \boxed{}$ $10 - 5 = \boxed{}$ $10 - 9 = \boxed{}$

⭐ 크리스마스트리에 방울 장식을 더하려고 해요. 그림을 보고 덧셈을 하세요.

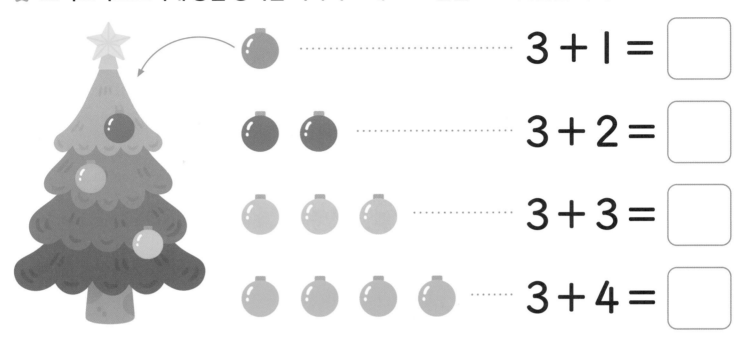

$3 + 1 =$ ☐

$3 + 2 =$ ☐

$3 + 3 =$ ☐

$3 + 4 =$ ☐

⭐ 그림에 알맞은 덧셈식을 쓰세요.

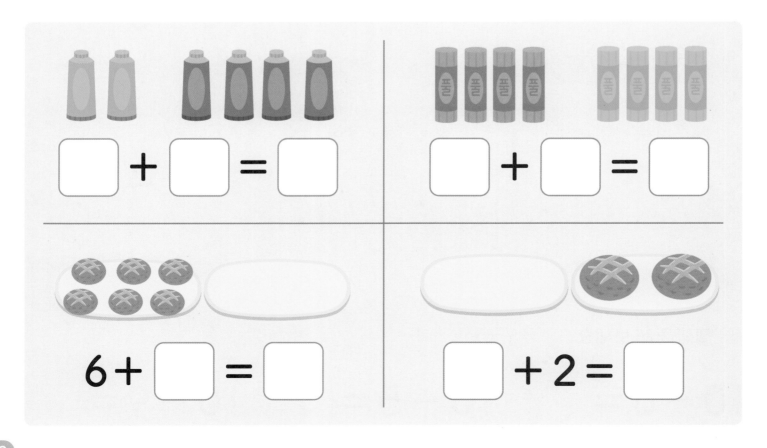

☐ $+$ ☐ $=$ ☐

☐ $+$ ☐ $=$ ☐

$6 +$ ☐ $=$ ☐

☐ $+ 2 =$ ☐

⭐ 그림을 보고 뺄셈을 하세요.

●●●●● 5 − 1 = ☐   ●●●●● 5 − 2 = ☐

●●●●● 5 − 3 = ☐   ●●●●● 5 − 4 = ☐

⭐ 그림에 알맞은 뺄셈식을 쓰세요.

7 − ☐ = ☐

5 − ☐ = ☐

⭐ 세 수를 모두 사용하여 뺄셈식을 쓰세요.

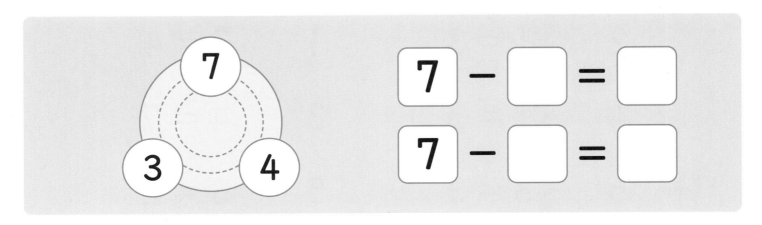

7 − ☐ = ☐

7 − ☐ = ☐

⭐ 그림을 보고 알맞은 기호에 ○ 하세요.

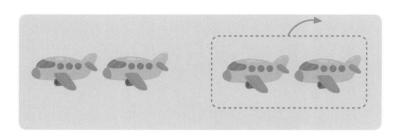

$$4 \; \overset{+}{\underset{\ominus}{}} \; 2 = 2$$

$$2 \; \overset{+}{\underset{-}{}} \; 3 = 5$$

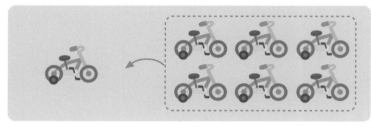

$$1 \; \overset{+}{\underset{-}{}} \; 6 = 7$$

$$6 \; \overset{+}{\underset{-}{}} \; 2 = 4$$

⭐ 빈칸에 +, − 를 알맞게 쓰세요.

$$2 \boxed{+} 1 = 3 \qquad 1 \boxed{} 3 = 4$$

$$4 \boxed{-} 1 = 3 \qquad 3 \boxed{} 4 = 7$$

$$6 \boxed{-} 3 = 3 \qquad 5 \boxed{} 3 = 2$$

⭐ 덧셈과 뺄셈의 결과에 맞게 색칠해 보세요.

5
6
7
8

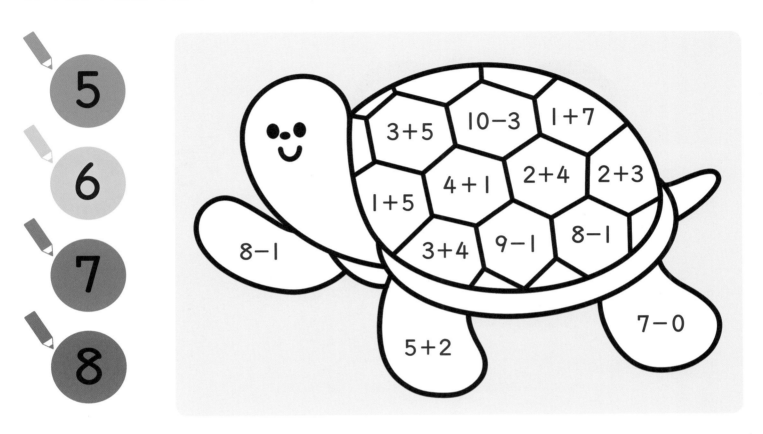

⭐ 덧셈과 뺄셈을 해서 나온 답으로 암호를 풀어 보세요.

4 − 1 = ☐   5 + 2 = ☐   6 − 2 = ☐   3 + 6 = ☐

큰 수부터
차례대로 쓰면?

☐ ☐ ☐ ☐

7	3	4	9
학	재	천	수

암호를 풀면?

☐ ☐ ☐ ☐

75

1 11~15 모으기

★ 바나나로 모으기를 해 보세요.

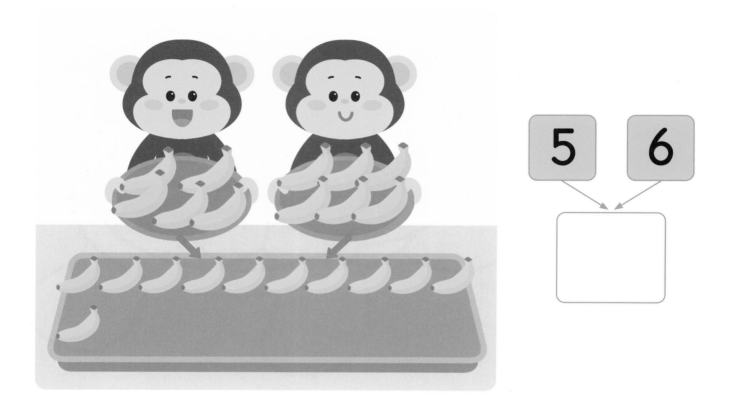

★ 빈칸에 알맞은 수만큼 ○를 그리고 모으기를 해 보세요.

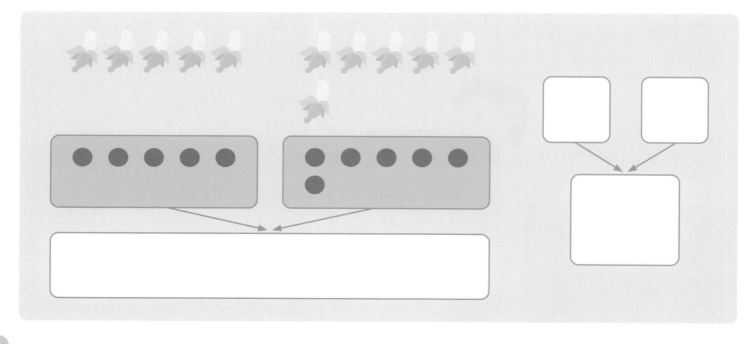

⭐ 이어 세기를 하며 빈칸에 알맞은 수를 쓰세요.

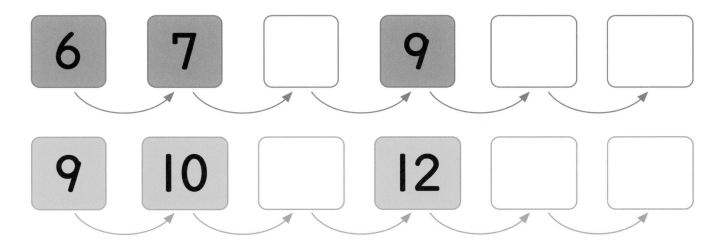

⭐ 이어 세기를 하며 빈칸에 알맞은 수만큼 ○를 그리고 모으기를 하세요.

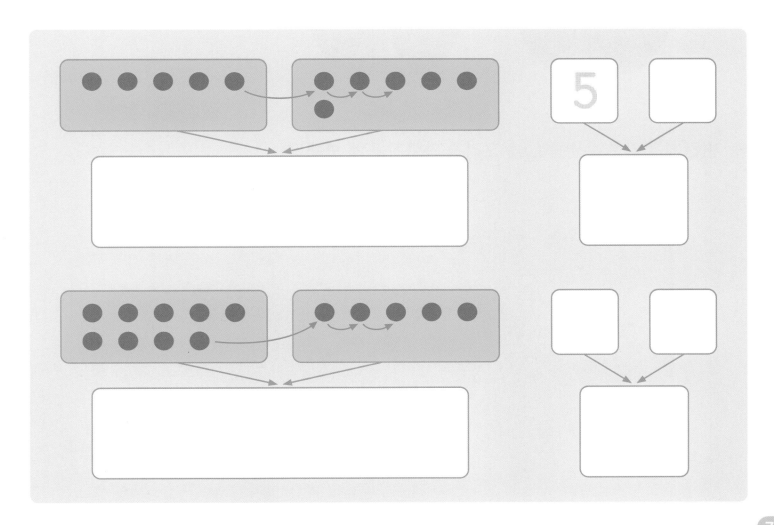

⭐ 바나나로 가르기를 해 보세요.

⭐ 빈칸에 알맞은 수만큼 ○를 그리고 가르기를 해 보세요.

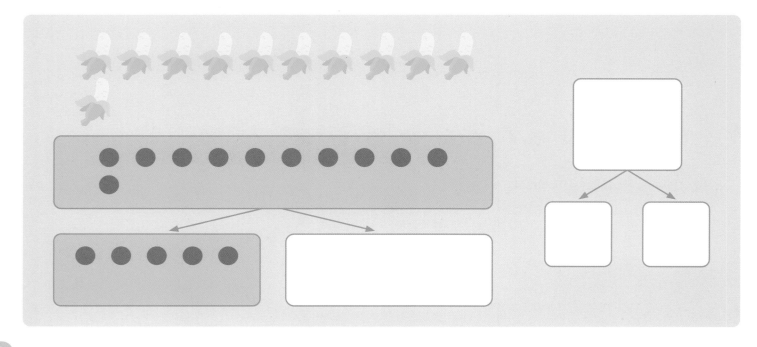

★ 그림에 /를 표시하며 가르기를 하고, 빈칸에 알맞은 수를 쓰세요.

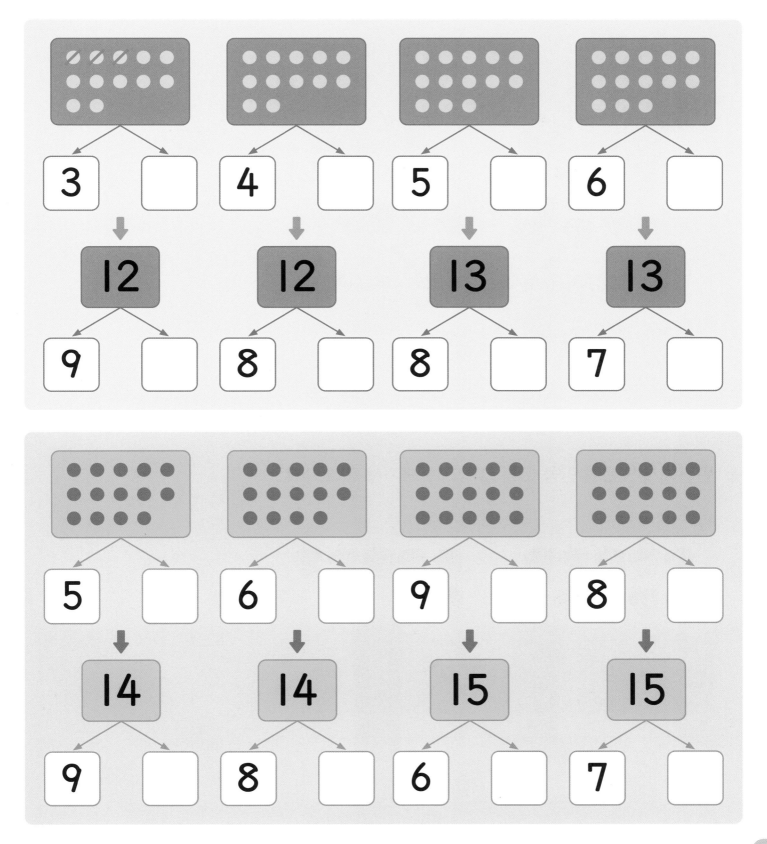

1 16~19 모으기

⭐ 도토리로 모으기를 해 보세요.

⭐ 빈칸에 알맞은 수만큼 ◯를 그리고 모으기를 해 보세요.

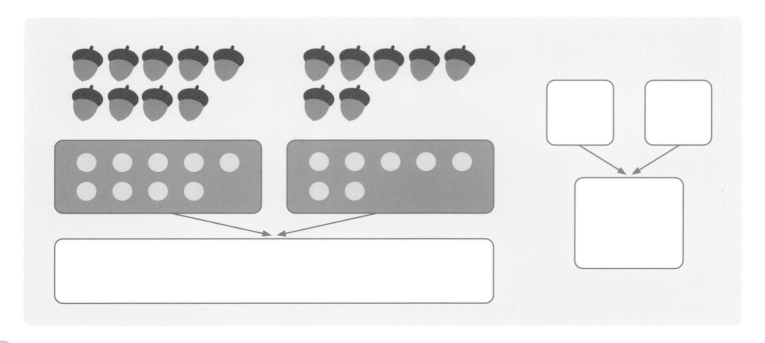

⭐ 이어 세기를 하며 빈칸에 알맞은 수를 쓰세요.

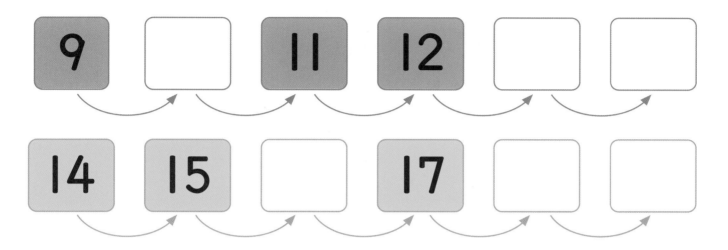

| 9 | | 11 | 12 | | |

| 14 | 15 | | 17 | | |

⭐ 이어 세기를 하며 빈칸에 알맞은 수만큼 〇를 그리고 모으기를 하세요.

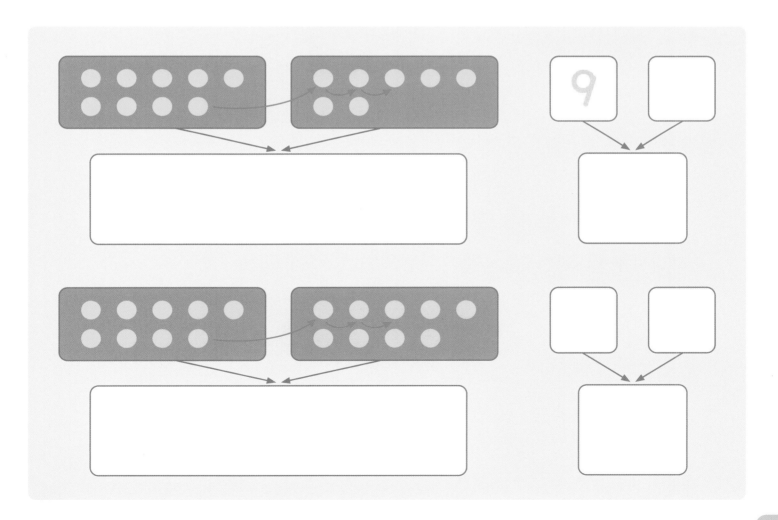

⭐ 도토리로 가르기를 해 보세요.

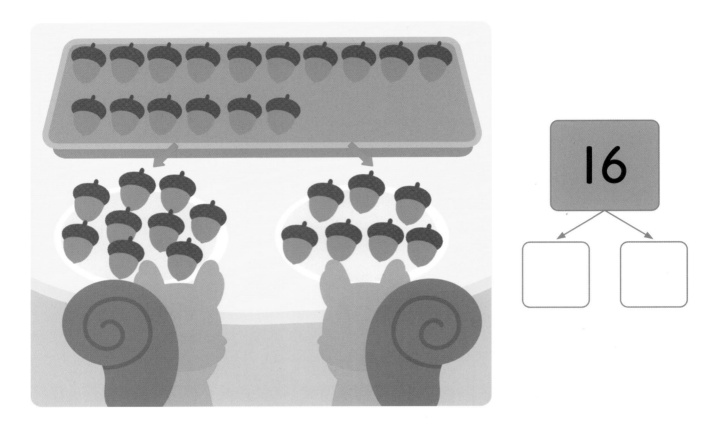

⭐ 빈칸에 알맞은 수만큼 ○를 그리고 가르기를 해 보세요.

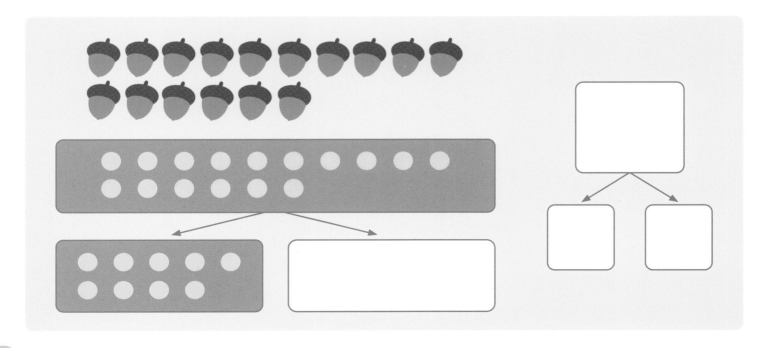

★ 그림에 /를 표시하며 가르기를 하고, 빈칸에 알맞은 수를 쓰세요.

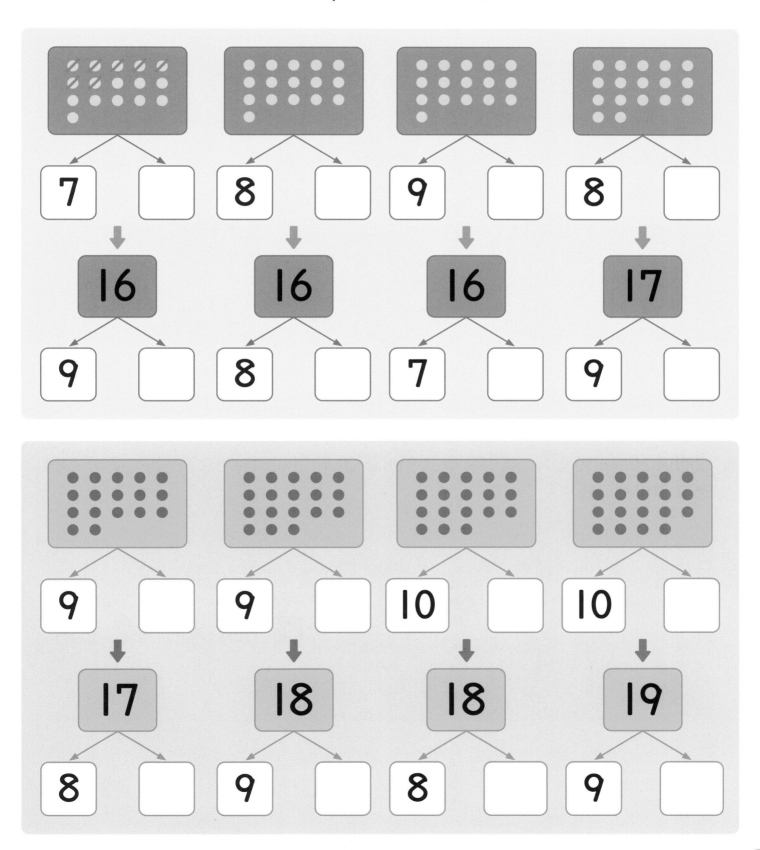

1 덧셈 만나기

⭐ 꽃 10송이가 있는 꽃밭에 3송이를 더 심으려고 해요. 모두 몇 송이일까요? 덧셈식을 바르게 쓰고 알아보세요.

$$10 + 3 = 13$$

⭐ 오징어 10마리와 꽃게 5마리를 팔고 있어요. 모두 몇 마리일까요? 덧셈식을 바르게 쓰고 알아보세요.

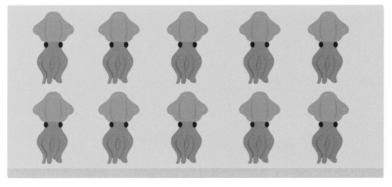 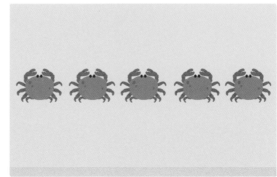

$$10 + 5 = 15$$

⭐ 그림을 보고 덧셈식을 완성하세요.

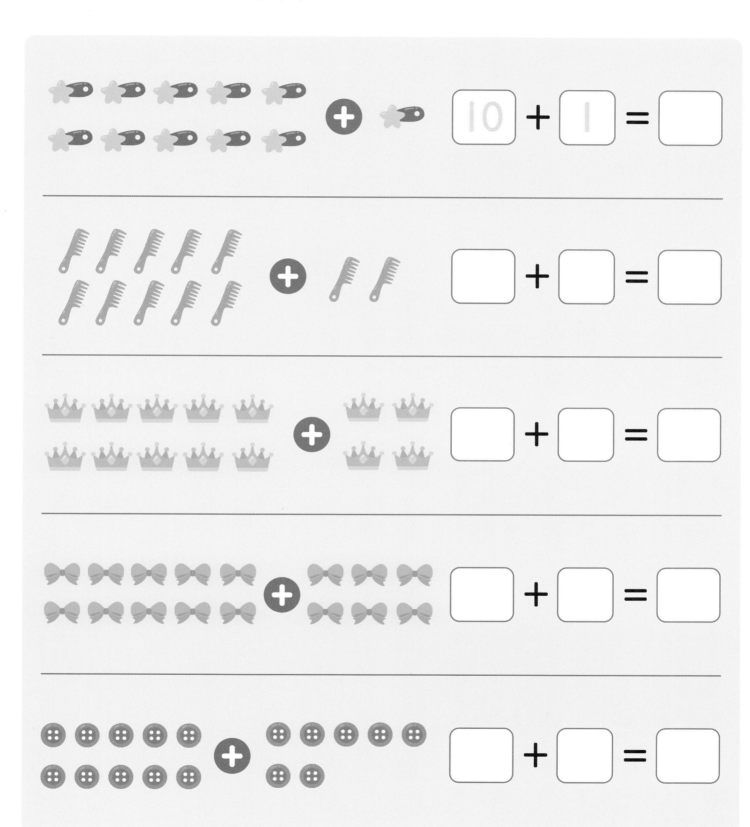

3 덧셈하기

⭐ 그림을 보고 덧셈식을 완성하세요.

보기

1 2 3 4 5 6 7 8 9 10

$10 + 1 = \boxed{11}$

---

1 2 3 4 5 6 7 8 9 10

$10 + \boxed{} = \boxed{}$

---

1 2 3 4 5 6 7 8 9 10

$10 + \boxed{} = \boxed{}$

---

1 2 3 4 5 6 7 8 9 10

$10 + \boxed{} = \boxed{}$

⭐ 그림을 보고 모으기와 덧셈을 해 보세요.

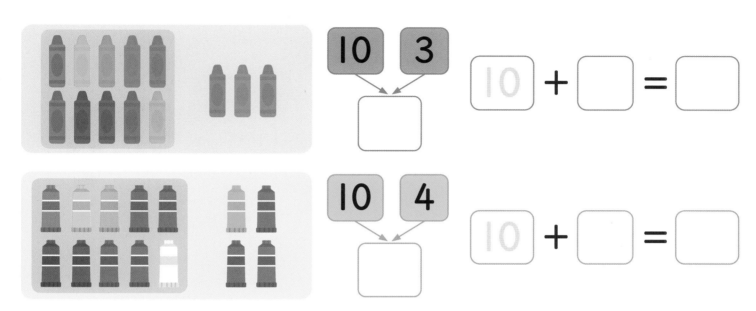

$10 + \boxed{} = \boxed{}$

$10 + \boxed{} = \boxed{}$

⭐ 덧셈을 해 보세요.

$10 + 1 = \boxed{}$ $10 + 4 = \boxed{}$

$10 + 3 = \boxed{}$ $10 + 2 = \boxed{}$

$10 + 6 = \boxed{}$ $10 + 8 = \boxed{}$

$10 + 5 = \boxed{}$ $10 + 7 = \boxed{}$

$10 + 9 = \boxed{}$ $10 + 0 = \boxed{}$

1 덧셈 만나기

★ 치즈 11개가 있는데 6개를 더 가져왔어요. 이어 세기를 하면서 모두 몇 개인지 알아보세요.

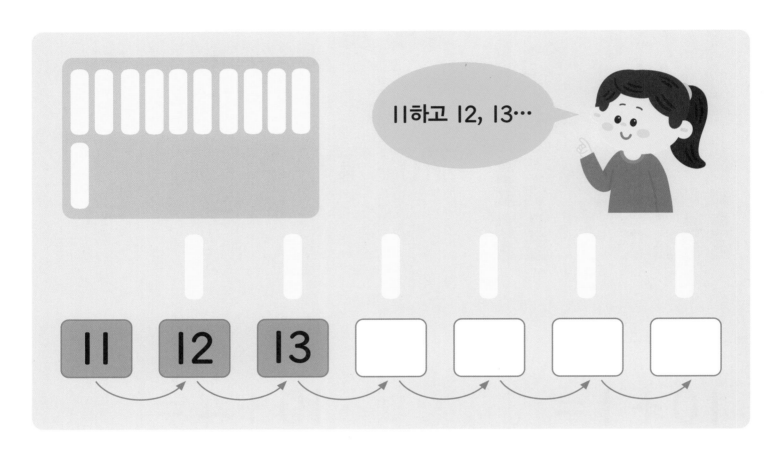

★ 더 가져온 치즈 6개만큼 빈칸에 ○를 그리고 덧셈식을 완성하세요.

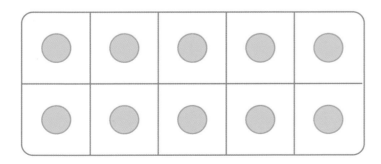 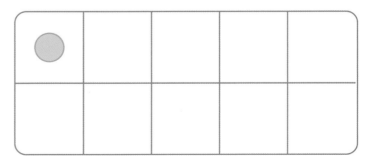

$$11 + \boxed{} = \boxed{}$$

⭐ 그림을 보고 덧셈식을 완성하세요.

$\boxed{12} + \boxed{2} = \boxed{}$

$\boxed{12} + \boxed{} = \boxed{}$

$\boxed{} + \boxed{} = \boxed{}$

$\boxed{} + \boxed{} = \boxed{}$

$\boxed{} + \boxed{} = \boxed{}$

⭐ 더하는 수만큼 색칠하고 덧셈식을 완성하세요.

$11 + 3 = \boxed{14}$

$12 + 4 = \boxed{}$

$13 + 2 = \boxed{}$

$14 + 2 = \boxed{}$

$15 + 3 = \boxed{}$

⭐ 덧셈을 해 보세요.

$12 + 5 = \boxed{}$ $15 + 3 = \boxed{}$

$13 + 1 = \boxed{}$ $13 + 4 = \boxed{}$

$14 + 3 = \boxed{}$ $11 + 4 = \boxed{}$

$15 + 1 = \boxed{}$ $16 + 3 = \boxed{}$

⭐ 답이 같은 것끼리 선을 이어 보세요.

$11 + 5$	•	•	$15 + 3$
$12 + 7$	•	•	$15 + 1$
$13 + 5$	•	•	$17 + 2$

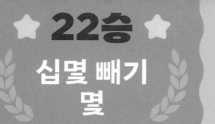

1 뺄셈 만나기

⭐ 우유 17개 중 3개를 사면 진열대에 우유가 몇 개 남을까요? 거꾸로 세면서 몇 개 남았는지 알아보세요.

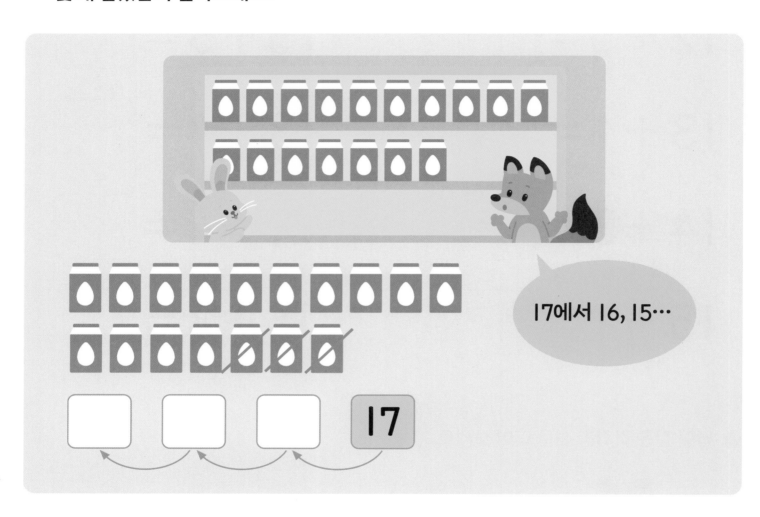

⭐ 사 간 우유 3개만큼 ○를 지우고 뺄셈식을 완성하세요.

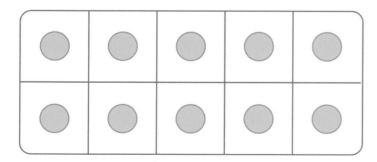 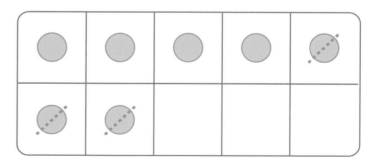

$$17 - \boxed{} = \boxed{}$$

2 뺄셈 알아보기

⭐ 그림을 보고 뺄셈식을 완성하세요.

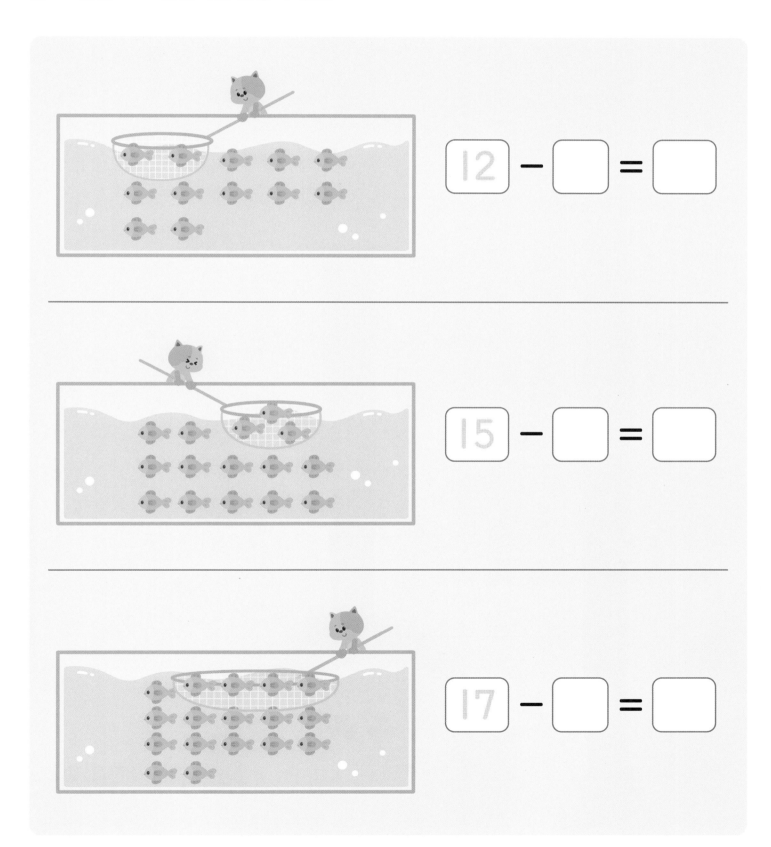

$$12 - \boxed{} = \boxed{}$$

$$15 - \boxed{} = \boxed{}$$

$$17 - \boxed{} = \boxed{}$$

⭐ 빼는 수만큼 / 표시하고 뺄셈식을 완성하세요.

보기

| 1 | 2 | 3 | 4 | 5 | 6 | 7 | 8 | 9 | 10 |

$15 - 2 = \boxed{13}$

| 1 | 2 | 3 | 4 | 5 | 6 | 7 | 8 | 9 | 10 |

$16 - 2 = \boxed{}$

| 1 | 2 | 3 | 4 | 5 | 6 | 7 | 8 | 9 | 10 |

$17 - 5 = \boxed{}$

| 1 | 2 | 3 | 4 | 5 | 6 | 7 | 8 | 9 | 10 |

$18 - 2 = \boxed{}$

⭐ 뺄셈을 해 보세요.

$16 - 3 = \boxed{}$ $\qquad$ $15 - 2 = \boxed{}$

$14 - 3 = \boxed{}$ $\qquad$ $17 - 6 = \boxed{}$

$18 - 2 = \boxed{}$ $\qquad$ $13 - 1 = \boxed{}$

$16 - 4 = \boxed{}$ $\qquad$ $18 - 5 = \boxed{}$

$19 - 5 = \boxed{}$ $\qquad$ $19 - 7 = \boxed{}$

⭐ 같은 색 공에 적힌 수끼리 뺄셈을 해 보세요.

$\boxed{} - \boxed{} = \boxed{}$ $\qquad$ $\boxed{} - \boxed{} = \boxed{}$

1 덧셈 만나기

★ 마트에 달걀 30개가 있는데 20개가 새로 들어왔어요. 새로 들어온 달걀 개수만큼 ○를 그리고, 덧셈식을 완성하세요.

30 + ☐ = ☐   30 더하기 20 은 50

★ 그림을 보고 빈칸에 알맞은 수를 쓰세요.

20 + ☐ = ☐

⭐ 덧셈을 해 보세요.

$10 + 20 = \boxed{}$　　　$40 + 10 = \boxed{}$

$20 + 30 = \boxed{}$　　　$70 + 10 = \boxed{}$

$30 + 40 = \boxed{}$　　　$50 + 40 = \boxed{}$

$40 + 20 = \boxed{}$　　　$20 + 20 = \boxed{}$

⭐ 덧셈을 해 보고, 답이 가장 큰 순서대로 기구에 있는 글자를 써 보세요.

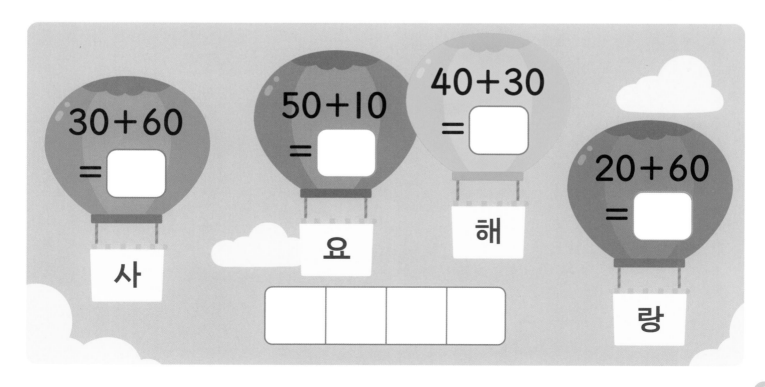

$30 + 60 = \boxed{}$　사

$50 + 10 = \boxed{}$　요

$40 + 30 = \boxed{}$　해

$20 + 60 = \boxed{}$　랑

$\boxed{}\boxed{}\boxed{}\boxed{}$

⭐ 목장에 젖소와 양이 있어요. 각 동물에 ○ 하며 수를 세어 쓰고, 젖소가 양보다 얼마나 많은지 뺄셈식을 완성하세요.

 마리   마리

$$20 - \boxed{} = \boxed{}$$

⭐ 야구공이 테니스공보다 몇 개 많을까요? 뺄셈식을 완성하세요.

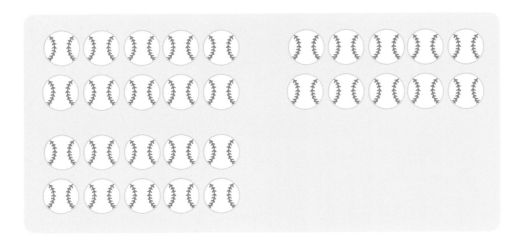 

$$30 - \boxed{} = \boxed{}$$

⭐ 뺄셈을 해 보세요.

$$30 - 20 = \boxed{} \qquad 80 - 30 = \boxed{}$$

$$50 - 30 = \boxed{} \qquad 80 - 20 = \boxed{}$$

$$40 - 10 = \boxed{} \qquad 90 - 20 = \boxed{}$$

$$60 - 20 = \boxed{} \qquad 90 - 10 = \boxed{}$$

⭐ 위 뺄셈의 답이 있는 칸을 모두 검은색으로 칠해 보세요. 무엇이 보이나요?

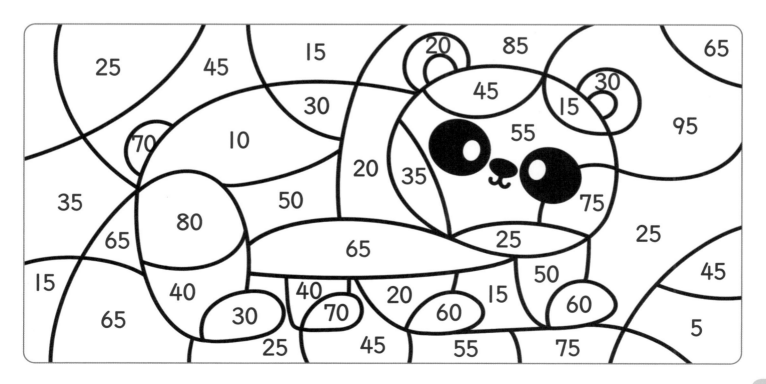

1 두 자릿수 덧셈

⭐ 그림을 보고 덧셈을 해 보세요.

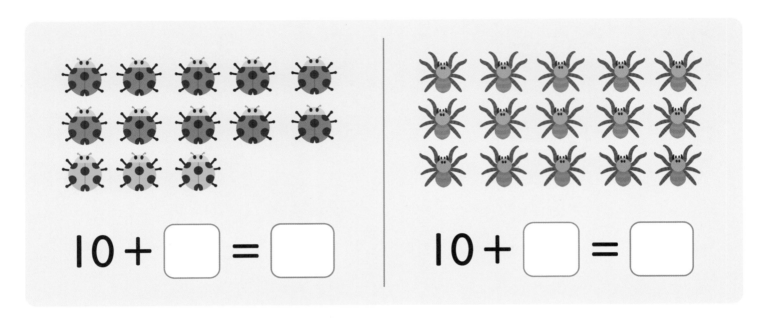

10 + ☐ = ☐   10 + ☐ = ☐

⭐ 그림을 보고 여러 가지 덧셈식을 만들어 보세요.

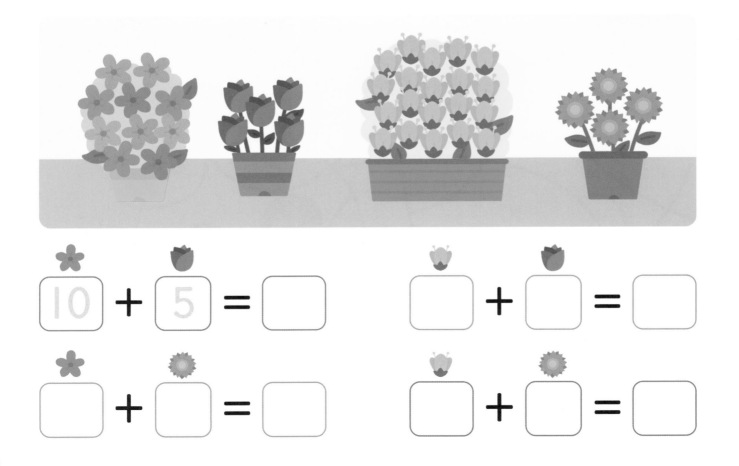

10 + 5 = ☐   ☐ + ☐ = ☐

☐ + ☐ = ☐   ☐ + ☐ = ☐

⭐ 레몬이 복숭아보다 몇 개 더 많은지 그림을 보고 뺄셈을 해 보세요.

$$\boxed{} - 3 = \boxed{}$$

⭐ 뺄셈을 하고, 표에서 답을 찾아 색칠하세요.

$90 - 10 = \boxed{80}$

$80 - 10 = \boxed{}$

$90 - 30 = \boxed{}$

$70 - 20 = \boxed{}$

$50 - 30 = \boxed{}$

11	5	23	99	10
25	80	65	90	50
7	13	85	70	95
60	75	30	12	35
3	55	0	20	75

⭐ 덧셈, 뺄셈을 하여 맞는 답을 쓰세요.

➕	11	12	13	14	15
1 →	12	13			

1+11=12

➖	2	3	4	5	6
17 →	15	14			

17-2=15

➕	20	30	40	50	60
10 →	30	40			

10+20=30

⭐ 덧셈, 뺄셈의 맞는 답을 따라가 보세요. 그리고 친구가 받게 될 선물에 ○하세요.

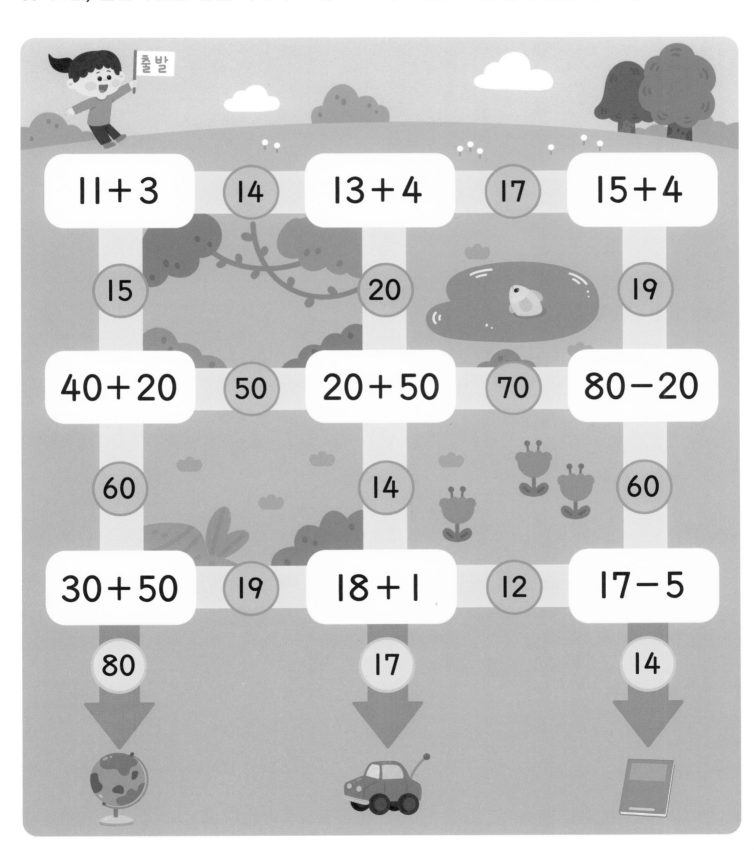

정답

▶ P8-9

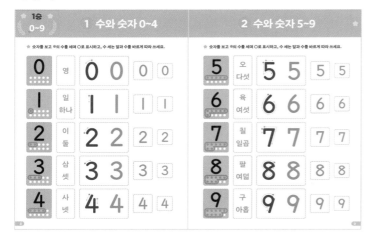

▶ P10-11

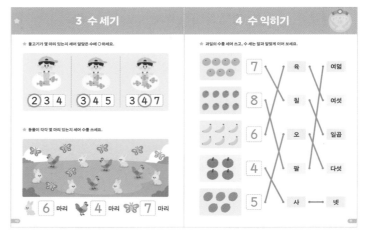

▶ P12-13

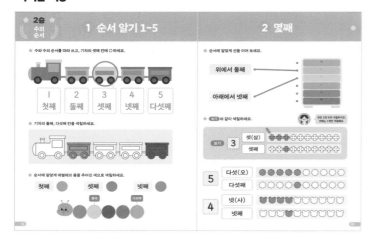

▶ P14-15

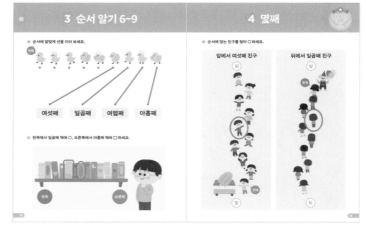

▶ P16-17

▶ P18-19

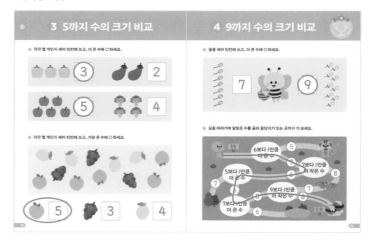

▶ P20-21

▶ P22-23

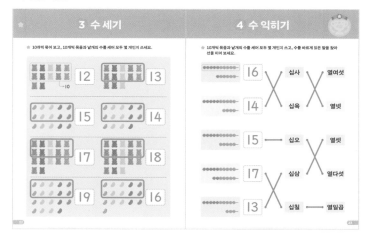

▶ P24-25

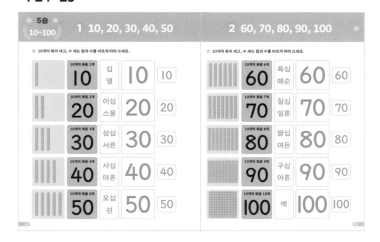

▶ P26-27

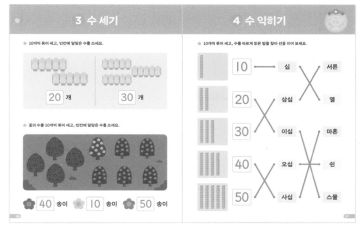

▶ P28-29

▶ P30-31

▶ P32-33

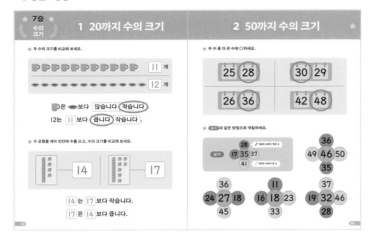

▶ P34-35

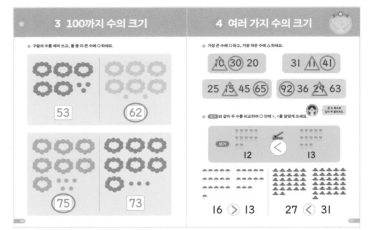

▶ P36-37

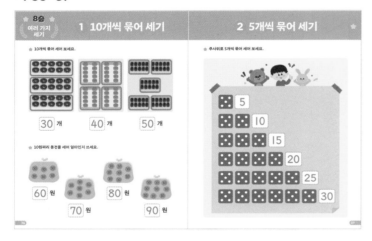

▶ P38-39

▶ P40-41

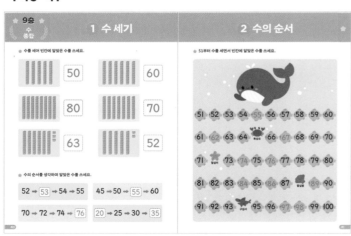

▶ P42-43

▶ P44-45

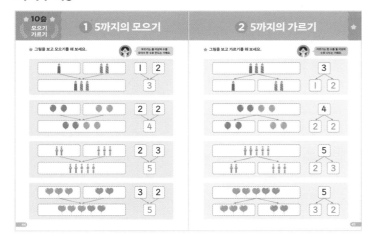

▶ P46-47

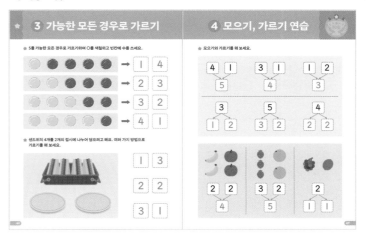

▶ P48-49

▶ P50-51

▶ P52-53

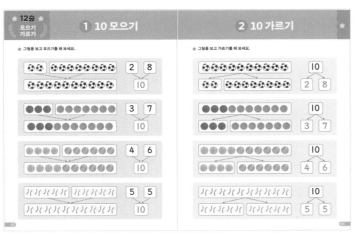

▶ P54-55

▶ P56-57

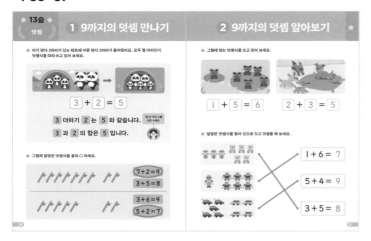

▶ P58-59

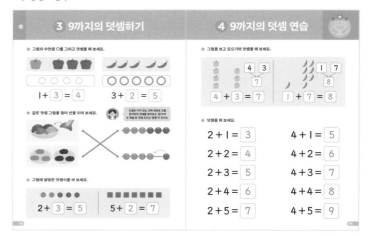

▶ P60-61

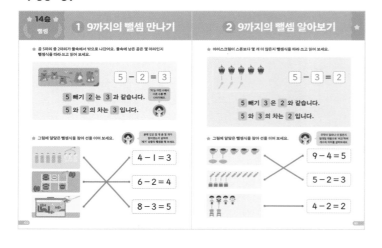

▶ P62-63

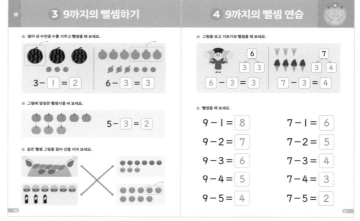

▶ P64-65

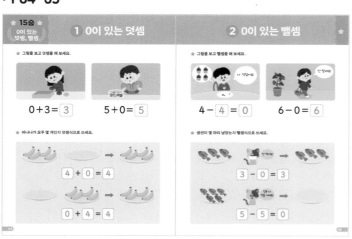

▶ P66-67

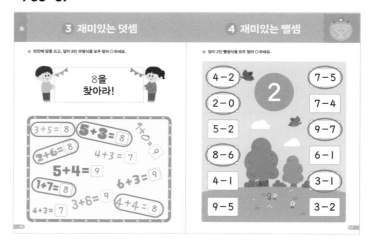

▶ P68-69

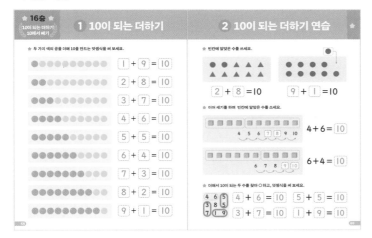

▶ P70-71

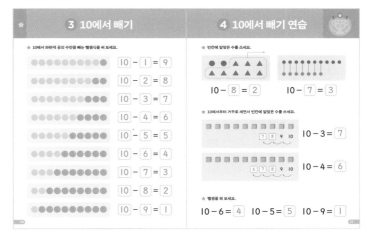

▶ P72-73

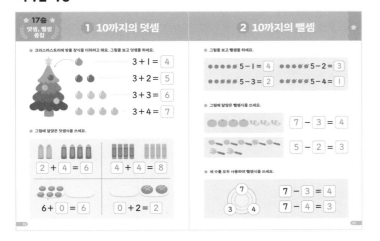

▶ P74-75

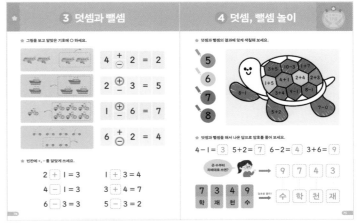

▶ P76-77

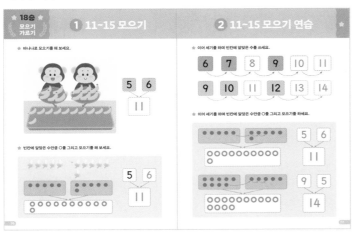

▶ P78-79

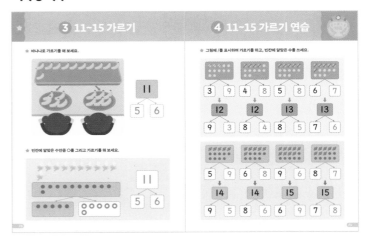

▶ P80-81

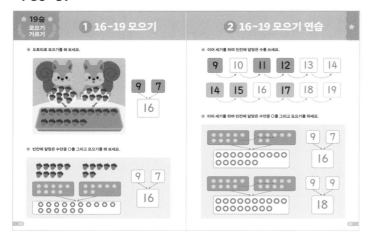

▶ P82-83

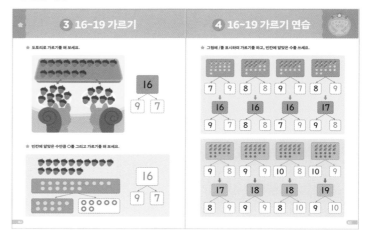

▶ P84-85

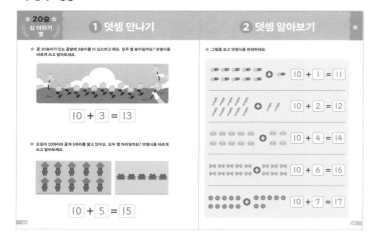

▶ P86-87

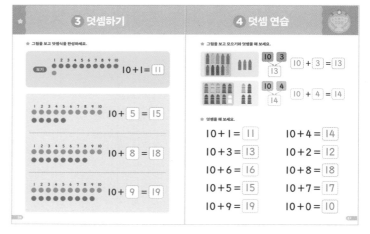

▶ P88-89

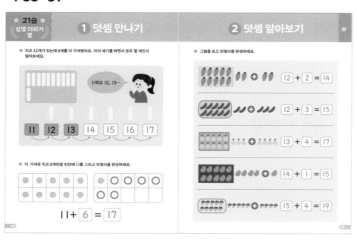

▶ P90-91

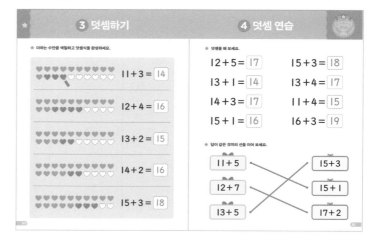

▶ P92-93

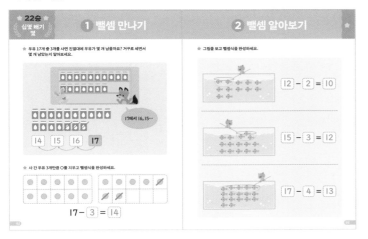

▶ P94-95

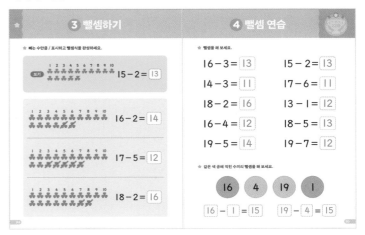

16 − 3 = 13	15 − 2 = 13
14 − 3 = 11	17 − 6 = 11
18 − 2 = 16	13 − 1 = 12
16 − 4 = 12	18 − 5 = 13
19 − 5 = 14	19 − 7 = 12

★ 같은 색 공에 적힌 수끼리 뺄셈을 해 보세요.

16   4   19   1

16 − 1 = 15   19 − 4 = 15

▶ P96-97

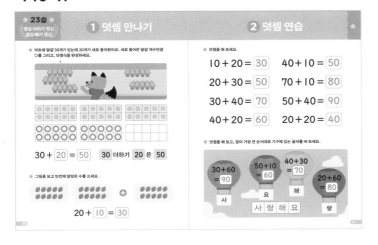

▶ P98-99

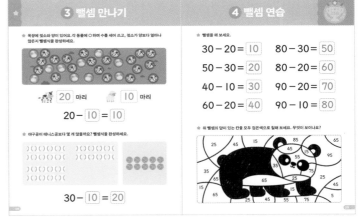

30 − 20 = 10	80 − 30 = 50
50 − 30 = 20	80 − 20 = 60
40 − 10 = 30	90 − 20 = 70
60 − 20 = 40	90 − 10 = 80

▶ P100-101

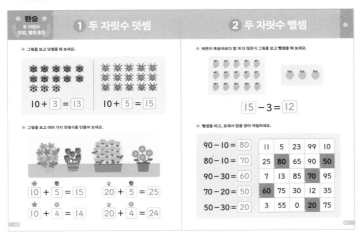

▶ P102-103